# Amaneceres
Antología Poesía en Abril 2020/21-2025

Poesía

# Amaneceres
Antología Poesía en Abril 2020/21-2025

## ROCÍO FERREIRA (ed.)

Rialtaediciones

D. R. © Poesía en Abril, 2025
D. R. © Rocío Ferreira, 2025

Imagen de cubierta: *Cinco poemas al amanecer*, de Esperanza Gama
      (pigmento sobre papel amate, 23 x 16 pulgadas, 2025)

Primera edición: abril de 2025

ISBN: 978-1-96172-234-7

Publicado bajo el sello Rialta Ediciones
Santiago de Querétaro
www.rialta.org

Reservados todos los derechos de esta edición para
© Carlos Aníbal Alonso Castilla (Rialta Ediciones)
Av. Sonterra 3016-18, Santiago de Querétaro, 76177, Querétaro, México.

A *Malú, la estrella que nos sigue iluminando*

Yo que pensé que no iba a tener nada y tuve a la poesía
que me dio más vidas que a un gato,
más olas que a un marco dorado,
más cielos que a una ventana.

Malú Urriola

# Prefacio

> Amo los astros los amaneceres
> JORGE EDUARDO EIELSON

Llega la primavera y Chicago comienza a despertar después de haber estado hibernando durante meses. La ciudad se despereza lentamente. El hielo en el lago Michigan vuelve a su curso de agua, los pájaros regresan a sus nidos y sus trinos empiezan a escucharse, mientras los colibríes danzan en una sucesión de amaneceres tras su largo viaje desde el sur. Los árboles y jardines reverdecen y alumbran brotes que pronto florecerán, llenando la ciudad de colores, olores y poemas. En abril, como cada año, también regresa nuestro festival internacional Poesía en Abril, con la pluralidad de voces hispanohablantes provenientes de las diásporas, migraciones, exilios y desplazamientos, resonando versos y renovando la lengua castellana, en todas sus variantes, con vigor, pulso y potencia. Este conjunto de voces teje lazos en una comunidad poética transnacional que trasciende fronteras geográficas, culturales y sociales, y que construye puentes entre América Latina, el Caribe, Estados Unidos y España.

Esta vez, Poesía en Abril, en su decimoséptima edición, llega para destellar amaneceres poéticos en la inquieta ciudad de los vientos. "Amaneceres" es el tema del festival este año y también es el título de esta antología, que propone a los lectores un recorrido fresco e inusual por la poesía escrita y declamada en el mundo hispanohablante, con su diversidad geográfica y lingüística, enriquecida por los aportes de las, les y los poetas latinoamericanos, indígenas, latinxs, afrolatinxs, caribeños y españoles que han participado de la edición XIII a la XVII del festival Poesía en Abril, a lo largo de los últimos cinco/seis años; cinco/seis porque fue necesario fusionar el festival urgente del año pandémico, 2020, con el del año siguiente, 2021, en una muestra no solo de la resiliencia de la humanidad en ese período, sino también de su poesía y sus poetas, de sus voces congregadas y de nuestra voluntad para que el festival persistiera. La poesía es invencible e inmortal.

El *corpus* de esta antología está compuesto por cinco secciones que corresponden a cada año del festival en el último lustro: 2020/21, "Memoria"; 2022, "Jardines"; 2023, "Pulso"; 2024, "Lazos"; y 2025, "Amaneceres". Cada sección incluye las contribuciones de las, les y los poetas a quienes hemos homenajeado cada año en merecido reconocimiento a su trayectoria poética, lxs poetas invitados internacionales y locales, así como lxs poetas ganadores y finalistas de nuestro Premio de Poesía Juana Goergen (edición I a VI).

*Amaneceres*, que se propone como un espacio de permanencia, reúne voces consagradas y reconocidas, de amplia o corta trayectoria, junto a voces novedosas que apuestan por explorar nuevas rutas poéticas, ofreciendo un caleidoscopio de 77 poemas, algunos ya publicados y otros inéditos, donde se abordan temas diversos, tales como la identidad o su pérdida, el exilio, las migraciones y las fronteras, las dictaduras, la pobreza, la justicia social, las revoluciones, la memoria histórica, los recuerdos individuales y colectivos, la vejez, la infancia, la orfandad, el amor, el dolor, la muerte, el racismo, el sexismo, la violencia sexual, el erotismo, las luchas que enfrentan las mujeres, las voces LGBTQI+, los espacios de los ancestros, el cambio climático, entre otros.

Estos poemas, testimonios de la diversidad cultural de aquellas voces e historias usualmente omitidas por el discurso oficial, son también un desafío, en cuanto defienden la dignidad de quienes han sido silenciados o invisibilizados por las estructuras de poder. Nuestro festival, y por extensión esta compilación, han sido concebidos como una invitación colectiva para que actuemos con empatía y compromiso ante los desafíos del mundo contemporáneo, porque creemos en la función transformadora del arte y la poesía.

Es esta una antología preparada con mucho amor y cuidado, donde buscamos construir una memoria y cartografiar la polifonía de voces poéticas de las, les y los autores que escriben en nuestras lenguas mestizas y que florecen cada año en Chicago, en nuestro Festival Internacional de Poesía, Poesía en Abril.

Rocío Ferreira
Directora y coorganizadora
Festival Internacional de Poesía, Poesía en Abril
Universidad DePaul
Chicago, 21 de marzo de 2025

## Agradecimientos

Nuestro Festival Internacional Poesía en Abril nació en 2008 gracias a la brillante idea de la profesora de DePaul University, Juana Goergen, de crear un festival de poesía en español en la ciudad de Chicago, a la que inmediatamente se unieron Félix Masud-Piloto, director del Centro de Investigación de Estudios Latinos de DePaul University, Moira Pujols y Jochy Herrera, directora ejecutiva y miembro de la directiva de la organización literaria *contratiempo*. Ellos formaron el primer comité organizador del festival, al que posteriormente se sumaron Gerardo Cárdenas, de *contratiempo*, y Esther Quintero, de DePaul University. Le doy gracias a este estupendo equipo y a todos les colegas que colaboraron por más de una década de una manera u otra en la organización del festival, por su dedicación y perseverancia con este hermoso proyecto poético.

    Dirigir y organizar festivales de poesía son verdaderos compromisos de amor a la cultura viva, a la creatividad, a la palabra, a la reflexión y al afán de compartir la poesía con nuestras comunidades. Es, sin duda, un trabajo desinteresado que apuesta fervientemente por la importancia que tiene la diseminación del arte en nuestras sociedades. El festival nos da la oportunidad de reflexionar sobre los procesos creativos, sobre lo que pasa en nuestras comunidades, sobre las problemáticas sociales, económicas y políticas alrededor del mundo, y cómo estos asuntos globales afectan la creación artística. En momentos aciagos como los del presente, me pregunto en voz alta qué haríamos sin la poesía, y no sé cómo responderme.

Por esa bonita complicidad con la que compartimos caminos de aprendizaje en equipo durante este lustro, doy gracias al actual comité organizador: Claudia Cisneros Méndez, Miguel Marzana, Olga Salazar Pozos, Oriette D'Angelo y Silvia Goldman. También agradezco al equipo de *contratiempo*: Stephanie Manríquez, con quien codirigí el festival de 2022 a 2024, y Margarita Saona, por acompañarnos en esa temporada.

Además del trabajo del comité organizador, el festival se hace posible gracias al apoyo de las organizaciones patrocinadoras, y sobre todo del trabajo de un gran equipo de voluntarios que dedican incontables horas a la curación, organización, promoción, diseño y ejecución de las lecturas, conversatorios, y presentaciones poéticas y musicales.

Este proyecto se ha hecho realidad por el apoyo económico constante de los centros y departamentos de la Universidad DePaul: Lenguas Modernas y su directora Anna Souchuk; el programa de Español y su director Glen Carman; Estudios Latinoamericanos y Latinos y sus directoras Delia Cosentino (interina, 2022), Carolina Sternberg (2023-2024) y Lourdes Torres (2025); Estudios de la Mujer y Género, con su profesorado. Gracias a los asistentes de la Universidad DePaul que nos ayudan con la logística: Sara Luz Torres, Leo Masalihit, Emilio Díaz y Valentina Merritt-Dorosin.

Agradecemos también el apoyo constante brindado por Poetry Foundation y su directora de programas de la comunidad, Itzel Blancas, así como por el Instituto Cervantes de Chicago y su directora cultural, Teresa Hernando; su auxiliar administrativo, Eva Vidal; su bibliotecaria, Salvador Venegas; y su director ejecutivo, Anastasio Sánchez Zamorano.

A los grupos e instituciones locales de nuestras comunidades de Chicago, como Co-Prosperity, Galería y Teatro Citlalin, Centro Cultural Segundo Ruiz Belvis, Museo Nacional de Arte y Cultura Puertorriqueña, Chicago Park District, Northeastern Illinois University, University of Illinois at Chicago, Chicago Latino Film Festival, The Guild Complex, Saint Augustine College, Comfort Station, The Jazz Showcase, Open Books, La Catrina Cafe, La Décima Musa, Casa de Arte y Cultura Calles y Sueños, entre otros, gracias por albergar el festival en sus espacios en estos 17 años. Y al público siempre creciente le agradecemos su lealtad y amor a la poesía.

Muchísimas gracias a todxs y cada unx de lxs poetas por su entusiasmo con nuestro proyecto y por procurar amaneceres poéticos en este libro. A Claudia Cisneros por escribir los epígrafes de cada tema. Y a Esperanza Gama, la artista plástica invitada este 2025, le damos las gracias por crear la imagen *Cinco poemas al amanecer*, que ha pintado en papel amate para nuestra portada.

Agradezco a Haydée Arango, a Carlos Aníbal Alonso y al equipo de Rialta Ediciones por su visión, dedicación y apoyo durante este proceso. Su experiencia, paciencia y profesionalidad han sido fundamentales para la realización de esta antología.

**Contratiempo y DePaul University** presentan
Poesía en Abril
y Premio de Poesía Juana Goergen
2021 Virtual

**22 al 24 de abril**
poesiaenabril.org

Invitados de honor:
**Luis García Montero y Mercedes Roffé**

Esther Abellán Rodes, Daniel Borzutzky, Nadia Escalante Andrade,
Jorge García de la Fe, Silvia Goldman, Ángela Hernández,
Héctor Hernández Montecinos, Alex Raul Lima, Miguel Marzana,
David Matuska, Margarita Saona, Johanny Vázquez Paz,
Carlos Villacorta y más.

Agradecemos el patrocinio del Centro de Estudios
Latinos (CLR) y su revista Diálogo, el Departamento
de Estudios Latinos/Latinoamericanos, el
Departamento de Lenguas Modernas, la Oficina
institucional para la Diversidad y la Equidad (OIDE)
y el programa de Iniciativas Globales de la
Universidad DePaul.

Agradecemos la colaboración del
Instituto Cervantes Chicago.

# Memoria, 2020/21

Memoria. Viaja impresa en la palabra. Se desvanece al pronunciarse. Cada letra desafiando el temor latente de muerte. Memoria, siempre en tránsito al mañana. Viaja. Escribe. Persiste.

Mercedes Roffé (Buenos Aires, Argentina, 1954)
Homenajeada, 2021

Es una de las voces más destacadas de la poesía argentina actual. Sus libros de poemas, publicados originalmente en España y Latinoamérica, se tradujeron en Italia, Quebec, Rumania, Francia, Brasil, Inglaterra, Líbano y Estados Unidos. Publicó, asimismo, dos libros de microensayos: *Glosa continua. Ensayos de poética* (2018) y *Prosas fugaces* (2022). Su libro composición: *cristales* (2023) reúne por primera vez poemas y dibujos de la autora. Su publicación más reciente, *Aquella ilación casi perfecta*, apareció en Buenos Aires por el sello editorial Bajo la Luna. En 2021 obtuvo el Premio a la Trayectoria de la Fundación Casa Bukowski Internacional. En 2023, la Academia de Bellas Letras de Madrid le concedió el Premio Dámaso Alonso por su obra poética. Entre otras distinciones, recibió las becas John Simon Guggenheim (2001) y Civitella Ranieri (2012).

# Situación para curar a un enfermo
## Mercedes Roffé

invitad gente. invitadlos a todos. a una fiesta. una gran fiesta.
y si el enfermo no quiere salir de la cama, dejadlo, que no
    salga.
y que haya música y bailes, y cantos y pasteles.
y si el enfermo no quiere bailar, dejadlo, que no baile.
y si el enfermo no quiere cantar, dejadlo, que no cante.
y si el enfermo no quiere comer, dejadlo, que no coma, que no
    beba.
pero que haya ruido en la casa. y mucha gente.
y que se cuenten cuentos y memorias, y fábulas y acertijos
y si el enfermo no puede o no quiere decir nada, dejadlo
–que no hable,     que no ría,     no recuerde.
pero traed gente a la casa, al jardín de la casa, a la posada, al
    pueblo
que en la casa haya ruido, mucho ruido. mucha, mucha
    gente.

y al terminar la fiesta, dos o tres días después, las mujeres
echen todo lo que haya sobrado del banquete en el hueco de
    una sábana
grandes sábanas bordadas. de preferencia blancas, muy
    blancas.
de preferencia bordadas.
echen allí los pasteles, las almendras, los higos, las nueces,
    las castañas,
las moras y las masas hechas, las pastas y los panes, los
    zumos y los vinos.

que lo lleven al río, entre seis, entre cuatro
que lleven la sábana al río, con sus bienes, sus frutos, sus pasteles,
por el bulevar que bajen, las cuatro, las seis al río, varias veces,
y echen todo a la corriente, las sobras del festín, el vino, el agua, el zumo,
las almendras, los higos
y arrojen todo al río, a la corriente.

## Luis García Montero (Granada, España, 1958)
Homenajeado, 2021

Es Catedrático de Literatura en la Universidad de Granada. Ha publicado poesía, novela y ensayo. Desde 2018 dirige el Instituto Cervantes. Entre sus libros de poesía destacan *Habitaciones separadas* (1994), *Completamente viernes* (1998), *No puedes ser así. Breve historia del mundo* (2021) y *Un año y tres meses* (2022). Entre sus ensayos, *Poesía, cuartel de invierno* (1987), *Lecciones de poesía para niños inquietos* (2000), *Un lector llamado Federico García Lorca* (2016) y *Prometeo* (2022). Ha recibido en España el Premio Nacional de Literatura y el Premio de la Crítica; y en México, el Premio Poetas del Mundo Latino, el Premio López Velarde y el Premio Carlos Fuentes. Es Doctor Honoris Causa por las universidades de San Agustín en Arequipa, Ricardo Palma, Valparaíso, Córdoba en Argentina y Colima.

# 1789
## Luis García Montero

La casa está vacía
igual que un ministerio durante el mes de agosto.
Voy a encender la luz para enseñarla
a un nuevo comprador.

Abro la puerta envejecida
de la palabra libertad
y veo ropa sucia de trabajo
en el desorden de la habitación.
Junto a la estatua hay
un vestido de fiesta desgarrado.

Entramos luego en la igualdad.
Sobre la mesa un plato de cenizas
y ventanas que dan a la miseria
de un mundo silenciado.

Al final del pasillo,
a mano izquierda, la fraternidad
con grietas en el techo
y humedades de musgo en la pared.

¿Cuánto pide por ella?, me pregunta.
Como le digo más de lo que vale,
comprende que prefiero no venderla.

Son muchas las reformas necesarias,

se ha caído hasta el número,
insiste al despedirse
examinando la fachada.

1789, digo.
Es un buen año para hablar de amor.

ALEX LIMA (Guayaquil, Ecuador, 1975)

Se trasladó a Brooklyn a los quince años. Se doctoró en Literaturas Hispánicas por The Graduate Center, CUNY (2014). Es autor de los poemarios *Inverano* (2008), *Bilocaciones* (2011), *Alba* (2015), *Híbrida cíclica* (2017), *Mesa de contentos* (2019) y *Red Memo Book* (2023). Su poesía ha aparecido en revistas y antologías de España, Estados Unidos y Latinoamérica. Entre su producción académica se destaca la investigación sobre el poeta jesuita Juan Bautista Aguirre, *Conciencia lírica de la nación ecuatoriana* (2017), y una antología de la obra de Róger Santiváñez, titulada *Santificado sea tu nombre* (2020). Es autor, además, de varios ensayos sobre poesía colonial y contemporánea. Trabaja como profesor adjunto de español en Stony Brook University. Fue galardonado con el Premio Sonia Manzano Vela en el Festival Internacional del Libro en Lawrence, Massachusetts (2023).

# Villancico
## Alex Lima

pero mira cómo beben los peces en el río
pero mira cómo beben también los desperdicios
en los desagües de nuestra cómoda existencia
en la desembocadura del río sabio de la vida /
pero mira cómo beben los peces atrapados
en agarraderas infinitas de *six-packs*
y artificios desechables
creados a nuestra imagen y semejanza—
eso queremos creer—
pero mira cómo beben los peces primigenios
en su recorrido del Nilo al Amazonas
peces ancestrales todavía sin patas
progenie de aquellos que todavía no podían
arrastrarse a tierra firme, respirar oxígeno y
convertirse en un ser humano cualquiera
involución darwinista a su estado de larva
con pupilas plásticas, aletas inalámbricas y un pulgar enorme
para pulsar a cada impulso del deseo /
pero mira cómo beben los peces en el río
en el último río caudaloso de la Tierra

ÁNGELA HERNÁNDEZ (Buena Vista, República Dominicana, 1954)

Se graduó con honores en Ingeniería Química. Es narradora, poeta, ensayista. Cuentos y poemas suyos figuran en más de un centenar de antologías y se han traducido a ocho lenguas. Ganó el Premio Anual de Cuento José Ramón López en dos ocasiones. Su primera novela, *Mudanza de los sentidos*, obtuvo el Premio Cole de Novela Breve en 2001. En 2004, logró el Premio Anual de Poesía Salomé Ureña con el libro *Alicornio*. En 2016, fue distinguida con el Premio Nacional de Literatura, el máximo galardón de las letras dominicanas. Dirigió la revista *Xinesquema, Ideas e Imaginación en Movimiento*. Se desempeña como directora del libro y la lectura en el Ministerio de Cultura de la República Dominicana. Es integrante del Comité Organizador del festival Semana Internacional de la Poesía en Santo Domingo.

# Gaza marina
ÁNGELA HERNÁNDEZ

**1**
Qué ala alucina la brisa
Qué mangos exudan deseos
Qué diana esquiva el balazo
Qué torbellino encoge a verano
Qué finura alimenta al fiel espíritu
Qué girasol prospera en grietas de espanto
Qué lágrima resplandece su absoluto en la piel
Qué mano se extiende en el abismo
Qué otro es salvado a riesgo propio

**2**
El joven soldado recoge una gota de sudor
Ve el manantial de adentro
La floración de la mostaza
Unos labios azules
Al borde de las hojas
Al pie de las hormigas
Al canto de los mares perforados
Avista un esplendor de sangre fresca
La oscilación de un bosque al tornarse invisible
Mueren diez millones de rosas en el grito de un niño pequeño
Se rinde infierno al agua enamorada

## Carlos Villacorta González (Lima, Perú, 1976)

Es escritor y profesor de literatura latinoamericana en la Universidad de Maine. Ha publicado los poemarios *el grito* (2001), *Tríptico* (2003), *Ciudad Satélite* (2007), *Materia oscura* (2017) y *Libro de la tentación y el olvido* (2023), así como la novela *Alicia, esto es el capitalismo* (2014) y el volumen de cuentos *Lo que dijo el fuego* (2021). Sus cuentos y poemas han aparecido en español, inglés y francés. Además, ha editado *Lima escrita: arquitectura poética de la ciudad 1970-2020* (2021) y coeditado la antología *Cuentos de ida y vuelta: 17 narradores peruanos en Estados Unidos* (2019). Es autor de la investigación titulada *Poéticas de la ciudad: Lima en la poesía peruana* (2018). Dirige la revista digital *Polis Poesía*.

# Poema para ser visto en el metro
## [eye contact]
CARLOS VILLACORTA GONZÁLES

Nunca hagas contacto visual.
Los ojos, sin embargo, no nos obedecen
y disparan nuestra mirada en todas direcciones.

Nunca hagas contacto visual, mejor escribe versos de
    estación en estación.
Por ejemplo, subes en Union Square y dibujas con colores el
    abecedario.

Pero ya tus ojos la han visto.
No importa, no es intencional,
es como el primer verso, palabras que no significan nada.

La segunda mirada ya es de ella,
es en realidad un vistazo.
Quizás algo signifique porque en la escuela te habían dicho que
    la repetición es el lenguaje de Dios.

Pero recuerdas desde que llegaste a este país
*No eye contact        Only free verse*
Ni siquiera un vistazo y medio
¿Acaso se puede mirar con un solo ojo,
amar con medio corazón?

Pero ya van dos vistazos y luego han sido dos segundos.

Ella ha sonreído con su pelo ondulado y soleado
y tú sigues escribiendo este poema que no tiene paradas.
—Ya no sabes si bajabas en Times Square o si ibas hacia
    Brooklyn—
—Ya no sabes si los ojos son estrellas que parpadean en el
    pozo del alma—

Has escrito entre tus versos: Nunca hagas contacto visual
mejor tacha palabras y ~~busca~~
No, mejor observa cómo la muchedumbre ha llenado el
    vagón y
solo te quedan los cuerpos ciegos y extranjeros
que nada dicen     ni te extienden un brazo
solo la espalda de su lenguaje
hasta que se abre una rendija y el sol ilumina la estación
y recuerdas que hablaron antes en Canal Street
de hacia dónde iba este tren
*Downtown*      *Midtown*      *Uptown*
y conversaron de la lluvia torrencial.
Y ahora que el tren se detiene y los dos bajan
No hagas contacto visual, solo parte a perderte con la
    muchedumbre,
hasta que sientas que ella te toca la espalda y te dice gracias
    por darme la dirección.

Entonces, tacha tus versos: ~~Nunca hagas contacto visual~~.
Solo haz contacto visual
porque solo se puede amar con el corazón entero y a veces
    con silencios y versos.

## Daniel Borzutzky (Chicago, EE. UU./ Chile, 1974)

Es poeta y traductor. Hijo de inmigrantes chilenos, nació en Pittsburgh, Estados Unidos. Su libro más reciente es *Written After a Massacre in the Year 2018* (2021). *The Performance of Becoming Human* recibió The National Book Award de 2016, y fue traducido al español por Galo Ghigliotto y publicado por Editorial Cuneta en Chile. *Lake Michigan* (2018) fue finalista del Premio Internacional de Poesía Griffin. Sus traducciones incluyen *La perla suelta*, de Paula Ilabaca Nuñez, galardonada con el Premio PEN 2023 de Poesía en Traducción, y libros de Galo Ghigliotto, Raúl Zurita y Jaime Luis Huenún. Enseña inglés y estudios latinoamericanos y latinos en la Universidad de Illinois en Chicago.

# Míchigan*
**Daniel Borzutzky**

## Lago Míchigan, escena 3

Los cuerpos están en la playa
Y los cuerpos se siguen quebrando
Y la pelea ha terminado
Pero los cuerpos no están muertos
Y el alcalde sigue diciendo     traeré de vuelta los cuerpos
Traeré de vuelta los cuerpos que fueron quebrados
Los cuerpos quebrados hablan lentamente
Caminan lentamente hacia una playa que pende sobre un
    fuego
En un fuego que pende sobre una ciudad
En una ciudad de inmigrantes     de refugiados     de docenas
    de idiomas ilegales
En una ciudad donde cada cuerpo es una frontera entre un
    imperio y otro
No me sé el nombre del policía que me golpea
No me sé el nombre del superintendente que ordena al
    policía que me golpee
No me sé el nombre del diplomático que intercambió mi
    cuerpo por petróleo
No me sé el nombre del gobernador que intercambió mi
    cuerpo por químicos
Los observadores internacionales me dicen que soy
    mitológico

\* Traducción de David Rojas Azul.

Me dicen que mi historia ha sido arrasada por la historia
Buscan los cuarteles pero todo lo que ven es el lago y su
    grandeza   los jardines florecientes   la floreciente
    playa
Los observadores internacionales me preguntan si recuerdo
    la bomba que fue lanzada en mi pueblo
Me preguntan si recuerdo las antorchas   los campamentos
    las ruinas
Me preguntan si recuerdo el río   las aves   los fantasmas
Dicen   encuentra esperanza en la desesperanza
    encuentra vida en la inmortalidad
Encuentra el balance adecuado entre vivir y dolerse
Camino por el lago y escucho voces
Escucho voces en la arena y viento
Escucho culpa y vergüenza en las olas
Tengo mi cuerpo cuando faltan otros
Tengo mis manos cuando otras son cercenadas
Escucho a los niños de Chicago cantando   *Vivimos en el más*
    *vacío de los tiempos*

## Héctor Hernández Montecinos (Santiago de Chile, 1979)

Es escritor y profesor de literatura. Ha compilado *4M3R1C4: novísima poesía latinoamericana* (2010 y 2017) y *Halo: 19 poetas chilenos nacidos en los 90* (2014). Su obra ha sido incluida en *Cuerpo plural. Antología de la poesía hispanoamericana contemporánea* (2010), de Pre-Textos, y *El canon abierto. Última poesía en español* (2015), de Visor. Su proyecto en poesía *Arquitectura de la mentalidad* está conformado por *La divina revelación* (1999-2011), *Debajo de la lengua* (2007-2009) y *OIIII* (2012-2019). Sus ensayos autobiográficos sobre el quehacer poético son *Buenas noches luciérnagas* (2017) y *Los nombres propios* (2018), que fueron publicados por RIL Editores en Chile y España, así como *Contra el amanecer* (en preparación). Además, es gestor de varios encuentros como Poquita Fe: Poesía Iberoamericana, en Chile (2004-2014), y Siglo de Oro de la Poesía Latinoamericana (1922-2022), en España; y editor, entre otros, de *Un mar de piedras* (2018) y *Mi Dios no ve* (2022), de Raúl Zurita.

# Agón
### Héctor Hernández Montecinos

Dije yo. Las últimas palabras de una conversación es lo que queda de una civilización: las preguntas por su existencia. La sensación de que lo que ha sucedido es un espejismo, un fósil de la realidad. Un extraño presentimiento de que esto ya ha pasado antes, hace unos dos siglos y medio o tal vez cuatro o tal vez nunca. En medio de una noche en el desierto con neblina, a los pies de una montaña que comienza a deshielarse, bajo un árbol del cual suspenden los planetas del sistema solar. Es así. Cada dimensión es el resumen de todas las que también son parte de ella. Cada cosa es todas las cosas que fue y será. Cada palabra es la historia del idioma que envenenó y al cual le dio vida. Hablar es hacer hablar a cada célula, dejar que cada átomo como cada neurona como cada galaxia se aleje o se separe en su rojo, en su azul, en el tono de su sangre. Yo le escuchaba y veía esas ondas sonoras, esas moléculas semánticas como esporas atravesar todo el lugar. Salir de él, salir de la historia, salir de esta página en blanco. No regresaron. Algo desde el más allá del papel está atrayendo estas últimas décadas. Agujeros blancos les han llamado pero no es eso. No son poemas, no son libros ni sumas de poemas ni sumas de libros. Una nueva gravedad cambia al siglo de color. Nuevos soles esperan este amanecer. Es un tiempo de bibliotecas vacías, de museos llenos de polvo, de casas de remates saturadas de gente con mascarillas escarlatas. El arte no ha muerto sino el mundo que el arte le vendió al mundo. Estalactitas de neón. Jardines de fieltro. Cavernas dentro de cavernas dentro de cavernas. El arte nos llevó al origen, se lo agradecemos pero que siga su camino. Acá nos bajamos. Junto al primer hombre y la primera mujer. En su metáfora de volver a nombrar pero sin palabras. Dios los ha expulsado de su laboratorio. No porque hayan desobedecido sino porque mintieron. Ahí nacemos, ahí morimos. Todo lo que funda en realidad pierde fondo. Todo lo que tiene nombre tiene una muerte. El primer hombre produce y la primera mujer reproduce. Ese es el futuro de la humanidad, no ahora, sino cuando decir humanidad sea un recuerdo y no un porvenir. La literatura piensa en sí misma y no quiere morirse pero ya es tarde. La ficción ha sido descubierta. Todo se disuelve, todo explota, todo se expande. Cuando supe que el Universo se moría yo me morí.

Johanny Vázquez Paz (San Juan, Puerto Rico, 1960)

Vivió en Chicago por muchos años hasta jubilarse del magisterio. Ganó el Premio Paz de Poesía 2018, otorgado por la organización National Poetry Series y la Feria del Libro de Miami. Su poemario *I Offer My Heart as a Target/ Ofrezco mi corazón como una diana* fue publicado por la editorial Akashic. Entre sus libros también se encuentran *Sagrada familia* (ganador del International Latino Book Award), *Querido voyeur* y *Poemas callejeros/ Streetwise Poems*. Además, coeditó la antología *Between the Heart and the Land/ Entre el corazón y la tierra: Latina Poets in the Midwest*. Sus poemas y cuentos han sido publicados en las antologías *Wherever I'm At: An Anthology of Chicago Poetry, Diáspora: narrativa breve en español de Estados Unidos, Ellas cuentan: antología de Crime Fiction por latinoamericanas en EEUU, The City Visible: Chicago Poetry for the New Century*. Reside en Málaga, España.

# Yo / Tú / Ella también
JOHANNY VÁZQUEZ PAZ

*a Gisèle Pelicot*

Y me dejé hacer
como animal atropellado
permanecí inmóvil,
aguanté el respirar,
me hice la muerta,
y soporté las llantas
rodar el insulto
sobre mi cuerpo,
una y otra vez
mi dignidad aplastada.

Y no grité
ni siquiera
abrí mucho la boca
solo un no, o dos o tres,
o muchos más
      mi no
tan pequeñín / indefenso
murió en manos sordas,
mi vestido almidonado
harapos de indigentes,
mis reliquias y dote
hurtadas a traición.

Y dicen que me dejé hacer
por no chillar enloquecida,
vociferar mi pánico

a mis amigos,
ahorrarle la vergüenza
a la familia.
No entienden que nadie
nos enseña a escapar
de quien a bien queremos.
No hay simulacros
para sobrevivir al derrumbe
del amor y la fe humana.

Y nos dejamos hacer,
somos muchas aves afásicas,
muchas gallinas cobardes,
muchas perras amaestradas
a no matar.

Jorge Luis García de la Fe (Cárdenas, Cuba, 1954)

Es licenciado en Lengua y Literaturas Hispánicas en la Universidad de La Habana (1981) y máster en Literaturas y Culturas Latinoamericanas en Northeastern Illinois University (2012). Es poeta, ensayista y exeditor de la revista *contratiempo*. Ha sido profesor de español y literatura hispanoamericana en City Colleges de Chicago y San Agustín College. Ha publicado los siguientes poemarios: *Aunque la nieve caiga de repente* (2015), *Camino de imposesión* (2019), *Décimas inquietudes* (2019), *Cuerpo que se deja ir* (2019), *Te lo digo en rima* (2022) y *A contrapelo de silencios* (2023, en versos libres). Muchos de sus poemas han sido incluidos en diferentes revistas literarias, dentro y fuera de Estados Unidos. Es uno de los autores antologados en *Las piedras clamarán. Poesía cubana contemporánea de temas LGBT+* (2019).

# Metafísica de los martes
Jorge Luis García de la Fe

Es de contienda, no de carnaval
el tenso día en que me ajusto el yelmo
y salgo expectante a un ruedo
de graves circunstancias.
Cada martes me espera agazapado
en el nudo corredizo de su hebdomadario
para recordarme que –aun estando intercalado–
no pasa desapercibido
como un objeto más
en el anaquel de la vida.
Cirugías menores y mayores,
entrevistas de trabajo,
momentos climáticos existenciales
aposentados vienen como grises aves
en los nidos de los martes.
Ya no les temo,
no pueden permanecer más allá
de las horas que finalmente diluyen
sus reiterantes fantasmagorías.
He presenciado martes
en los que ha llovido a cántaros
de abajo para arriba.
No sé si la tercera,
pero mis dos primeras guerras mundiales
se han desarrollado en la que –para muchos–
es la segunda jornada de la cantiga semanal.
Sin quererlo, a regañadientes,

me he convertido en un pichón de septuagenario
que filosofa con la sabiduría de la universidad de la calle
acerca de la esencialidad
–no sé si martiana o marciana–
de los martes.
Los astrónomos hablan de un planeta rojo y guerrero
que tiene un período de rotación
similar al de la Tierra.
No recurro a los arcanos del Tarot,
yo sé lo que vendrá después de cada lunes.

## Margarita Saona (Lima, Perú, 1965)

Es autora de *Corazón de hojalata* (2017), *La ciudad en que no estás* (2021), *De monstruos y cyborgs* (2023) y *Corazón en trance* (2024). Enseña literatura latinoamericana y estudios culturales en la Universidad de Illinois en Chicago y ha publicado también los estudios académicos *Novelas familiares: figuraciones de la nación en la novela latinoamericana contemporánea* (2004), *Los mecanismos de la memoria: recordar la violencia en el Perú* (2017) y *Despadre: travestismos de la masculinidad en la literatura peruana* (2022).

# Habla
## Margarita Saona

Lo has callado mucho tiempo
por temor
por vergüenza
has querido pretender
que no pasó
o que en realidad no fue tan grave.
Has creído que fue tu culpa
por cómo te educaron
o porque dijeron
que era tu culpa.

Pero ahora ha llegado el tiempo de contarlo:
escuchaste a tu amiga, a tu prima, a tu hermana,
a la vecina, a tu maestra, a tu tía –ya mayor–,
a la chiquilla con la que te cruzas en la bodega,
a esa mujer a la que nunca prestaste atención
y a la que admiraste desde lejos.

Una, valiente, abrió la puerta y contó lo suyo
y como una cascada irrefrenable
siguieron otras
y otras
y otras
y otras.

Somos tantas...
¿Cómo estuvimos tanto tiempo tan calladas?

Habla, cuenta,
que tu historia nos atañe a todas,
que cada historia que se cuenta
abre el camino de otras mil.

Porque solo entonces,
cuando fuimos legión,
nos dimos cuenta
de que la fuerza estaba con nosotras.

Ya nunca más podrán callarnos
y nuestras hijas sabrán cómo enfrentar
las batallas que les toquen,
y si les tocan esas batallas,
si todavía son heridas, humilladas, ultrajadas,
sabrán levantar sus voces, hablarán fuerte,
y entre todas
acabaremos con la impunidad.

MIGUEL MARZANA (Cochabamba, Bolivia, 1983)

Es egresado de la Escuela Graham de la Universidad de Chicago (2022) y del Diplomado de Crítica Literaria y Escritura Creativa de la Escuela de Escritura de la UNAM (2023). Es coordinador del taller de poesía y creación literaria de la revista *contratiempo* y miembro de su consejo editorial. Es autor de los poemarios *Descomposiciones. Aceite de un cielo* (2019) y *Poemas de Chicago* (2024). Su obra ha sido publicada en varias antologías de poesía y cuento, así como en revistas impresas y virtuales dentro y fuera de Estados Unidos. Es director del sello de poesía Manzana Editorial, y como editor ha contribuido a la publicación de la colección de poesía de los talleres literarios de *contratiempo*: *Caracoleando I* (2021) y *Caracoleando II* (2024). Parte de su obra ha sido traducida al inglés, quechua y catalán. Reside en Chicago.

# Descarga infinita
MIGUEL MARZANA

Las piedras miran hacia abajo
tus ojos dicen adelante
preguntas que caminan hacia atrás
las piedras miran hacia abajo
nosotros hacia un punto ciego

Ven
ven y sálvanos
ven a sentir el viento que ondula las hojas de la hierba
deja lo que se rompió después del agua o del cristal
y regresa endurecida
por favor regresa
cuando el beso nos alcance

¡Nos salvamos
nos salvamos!
dirías
no sabiendo que lo que nos refleja
no es un espejo
ni el monolito de la Odisea del Espacio
ni lo abismal que cuando chico
se revelaba en la sopa de letras

Ocho mil millones de personas escuchan el poema invisible
Ocho mil millones de personas voltean sus piedras
apuntándolas al cielo
Ocho mil millones

pero la luz del día enceguece
y tú aquí conmigo leyendo este poema.

Nadia Escalante Andrade (Mérida, México, 1982)

Nació cerca del sitio donde cayó el meteorito que causó la extinción de los dinosaurios. Ha publicado cuatro libros de poesía: *Adentro no se abre el silencio* (2011), *Octubre. Hay un cielo que baja y es el cielo* (2014), *Sopa de tortuga falsa* (2019) y *La raíz negra de los astros* (2023). Ha colaborado con artistas diversos en proyectos interdisciplinarios que integran texto, música, danza y artes visuales. Trabaja en un proyecto de estrategias de escritura creativa que se enfoca en la relación entre el reino vegetal y la poesía.

# Luna nueva en Capricornio
## Nadia Escalante Andrade

De mis antepasadas heredé
la voluntad de ver
el lado oculto de la Luna.

También los cortes, las tijeras
para desprenderme de lazos antiguos
y nutrir un hogar nuevo.

Las palabras que ahora escribo,
en luna nueva en Capricornio,
en esta casa heredada,
tienen curvas y picos,
ángulos y trazos abiertos:

anzuelos que apresan
lo que no es palabra.

La trama y la urdimbre,
la paciencia de la araña,
y el viaje de la abeja y la semilla;

lo que elijo decir y lo que callo,
lo que borro, reescribo, lo que agrego,
es la casa que se alumbra en el poema,

la casa que renace en la voz
de las que vienen.

SILVIA GOLDMAN (Montevideo, Uruguay, 1977)

Es doctora en Estudios Hispánicos por la Universidad de Brown y enseña en la Universidad de DePaul. Ha participado en diversas antologías como *Llama de amor viva: XXII Encuentro de Poetas Iberoamericanos* (en homenaje a San Juan de la Cruz), *Árbol de Alejandra* y *Poeta en Nueva York: poetas de tierra y luna*. Sus poemas han sido traducidos al inglés, italiano, portugués, árabe, bengalí, hebreo, montenegrino y finés. Publicó los libros *Cinco movimientos del llanto*; *De los peces la sed*; *miedo; árbol y otras ansiedades*; *Ese eco que une los ojos*, en colaboración con Esperanza Vives y Juan Alcota; *Voz hasta el principio*; y *lo que se hereda es la orfandad*. Obtuvo un accésit en el Premio de Poesía FILLT 2020; asimismo, fue finalista del VI y VII Premio Internacional de Poesía Pilar Fernández Labrador, y del Premio Internacional de Poesía Paralelo Cero 2020.

# *obeja*
## Silvia Goldman

pienso en cuando escribiste *obeja*
y yo te pregunté qué era y me dijiste
*una obeja es una cosa chiquita*
*venenosa*
*libre en el cielo*
*que tiene alas*
*y está tratando de meterse por una ventana*
*de la casa ahora*
y entonces balamos las dos
mientras me clavabas tu aguijón

## León Salvatierra (León, Nicaragua, 1973)
Ganador del I Premio de Poesía Juana Goergen, 2020

Emigró a Estados Unidos a los quince años. Es autor del poemario *Al norte*, publicado por la Universidad Autónoma de Nicaragua (2012). En 2014, obtuvo el doctorado en Lenguas y Literaturas Hispanas de la Universidad de California, Berkeley. Sus poemas se han publicado en *Poetry Magazine, Notre Dame Review* y *The Wandering Song*. En 2020 se graduó del programa MFA (Poesía) de la Universidad de California, Davis. En 2022, *To the North/ Al norte* apareció en una edición bilingüe en la Editorial de la Universidad de Nevada. Recibió el I Premio de Poesía Juana Goergen 2020. Se desempeña como editor de poesía para la revista *Huizache* y es el editor de la serie New Oeste de la Editorial de la Universidad de Nevada. También imparte cursos de cultura y literatura en el Departamento de Estudios Chicanos de la Universidad de California, Davis.

# Enseñando al inmigrante a hablar inglés
LEÓN SALVATIERRA

> They didn't have much trouble teaching
> the ape to write poems
> JAMES TATE

La Sra. Doolittle no tuvo mucha dificultad
enseñando al inmigrante a hablar inglés
Primero, lo hizo limpiarse la cera de los oídos
antes de repetir la contracción "I'm"
cien veces a la perfección
Durante horas lo puso de pie frente a la tele
simulando gestos de estrellas americanas
Entonces le enseñó la R americana
imitando el sonido americano de un perro: "ruff-ruff"
y le empujaba la lengua hacia atrás con el dedo índice
incluso mientras abría la boca para devorar una *hamburgue*
Finalmente, clavó el himno de la bandera estrellada en su
    pecho
Cuando él habló, la Sra. Doolittle le dio una palmadita
en el hombro mientras estaba sentado en el sofá
y susurró en su oído limpio:
"¡Vaya! Suenas como un americano ahora:
¿Por qué no intentas decirlo?".

## Manuel Martínez Maldonado (Yauco, Puerto Rico, 1937)
Finalista del I Premio de Poesía Juana Goergen, 2020

Recibió el primer premio de poesía José Gautier Benítez de la Facultad de Estudios Generales (1955) y primeras menciones en el Festival de Poesía Ateneo Puertorriqueño (1956 y 1982). Ha publicado los poemarios *La voz sostenida* (1984), *Palm Beach Blues* (1985), *Por amor al arte* (1989), *Hotel María* (1999, finalista del Premio Gastón Baquero) y *Novela de mediodía* (2003). Además, es autor de las novelas *Isla verde o el Chevy azul* (1999), *El vuelo del dragón* (2012) y *Del color de la muerte* (2014). Obtuvo el Premio Nacional de Novela 2013 del Instituto de Cultura Puertorriqueña por *El imperialista ausente* (2014). En 2022 publicó la novela *Ausencia (Modelo para un mito)*.

# El viaje termina en la Isla
Manuel Martínez Maldonado

**1**
Jack Kerouac y Neal Cassady
iban drogados e ilusionados
a Denver, y veían el paisaje
a través de un cristal bondadoso
que dejaba ver al negro, al latino,
a las putas y a los niños escuálidos,
como bañados en el agua
perfumada de su benevolencia.
Flotaban ante sus ojos como partículas
en el humor acuoso de sus borracheras.
Vagaban por las planicies del mediano oeste
como hidalgos desplazados de los campos de Castilla.
La noche los seguía a donde fueran:
a California, México, Nueva Orleans.
Muchas veces los perseguía la policía.
En cada ciudad una mujer esperaba
con sus hijos a que volvieran.
Iban y venían sin que les importara
porque sembraban la alegría de su poesía
con amor curtido por su simple ternura.
Conscientes de que, al fin, el sentido de la tierra,
promete frutos y permite un ángelus
lleno de claveles, lirios y rosas.

**2**
Yo pienso en un viaje por la Panamericana

que cruza 18 países, pero evita el Caribe.
No puedo cabalgar en mi rocín por ella
para llegar a mi casa sin escudero.
Cuando llegue dejaré los últimos vestigios
de los sueños esfumados
entre las crestas de las palmas,
bajo las flores marchitas del flamboyán.
Tomaré cócteles de antigua colonia,
reviviré historias de Quijote y Sancho,
sacaré los poemas de Jack y Neal de mi memoria.
Hemos enterrado a tantos
en el simple ataúd de la idea de la guerra,
en la ruta de terremotos y huracanes sin tregua.
Nos tortura el convexo grito del indio
y la vibración vital del esclavo.
Nos sorprende el equinoccio
como un país sometido mientras flotamos
en el Caribe, en el hueco oscuro de la galaxia
de un mar hirviente de ignorancia.
Esperamos sin sentido
a que algo nos rescate
del abismo, de la ruina, del olvido.

Ethel Barja Cuyutupa (Huanchar, Junín, Perú, 1988)
Finalista del I Premio de Poesía Juana Goergen, 2020

Es doctora en Estudios Hispánicos por Brown University. Entre sus poemarios se encuentran *Gravitaciones* (2013), *Insomnio vocal* (2016), *Travesía invertebrada* (2019), *La muda* (2023, mención honrosa en el International Latino Book Awards en la categoría Juan Felipe Herrera al mejor libro en español) y *Hope is Tanning on the Nudist Beach* (2022, medalla de bronce del International Latino Book Awards en la categoría Juan Felipe Herrera al mejor libro en inglés). Ha sido distinguida, también, con el Premio Oversound (2021) y Cartografía Poética (2019). Como especialista en literatura latinoamericana, ha publicado *Poesía e insurrección. La Revolución cubana en el imaginario latinoamericano* y diversos artículos en revistas especializadas. Es profesora a tiempo completo en Salisbury University, en Estados Unidos. También ha sido docente en Brown University, University of Illinois at Chicago y Pontificia Universidad Católica del Perú.

# errancia
## Ethel Barja Cuyutupa

> La poesía es un caracol nocturno en un rectángulo de agua.
> José Lezama Lima

el más allá
besa a cuentagotas
y deja para mañana
una sed púrpura en el pecho

la travesía es inversa y plural
desciende
no abstrae
exhuma

animal mío
el musgo crece en tus fronteras
acoges el peligro
su filtración diaria
el agua y sus enfermedades

caracol de aguas salvajes
incandescente pasadizo
tu piel está
dentro y fuera

te habita la marea
las capas freáticas
los glaciares

en tu espiral
macera el susurro
los instantes tempranos
de los músculos gustativos

que los gramáticos
confunden con raíces

tu deseo
es nostalgia anticipada
de un cuerpo y su lugar
deseo de ti mismo
y de tu más allá inmediato

del volumen de las cosas
de una extraña geografía
de mundo accidental

la errancia no es una línea
para la infante ortografía
es la vía que se abre
cuando la vacilación

perfora la oscuridad
y bullen las esferas
en la encía germinal

ahora que los soles
renunciaron a su andar
elíptico y constante
duda tu miocardio

te vacía
te lleva hacia ti

Pedro Poitevin (Friburgo, Alemania/ Guatemala, 1973)
Ganador del II Premio de Poesía Juana Goergen, 2021

Lógico matemático y poeta experimental, obtuvo el Premio de Poesía Juana Goergen en 2021 por su poema "Sueño de la cercanía". Sus libros más recientes son *Nowhere at Home*, publicado en 2023 por Penteract Press en el Reino Unido; *Ícaro hace piruetas en las nubes*, publicado en 2023 por Urania, en Argentina; y *Letras griegas*, publicado en 2022 por Praxis, en México. Es, además, autor de *Ateo Pedro va para pavor de poeta* (2014), *Perplejidades* (2014) y *Eco da eco de doce a doce* (2010). Radicado en el idílico Marblehead, en Massachusetts, en sus ratos libres veraniegos puede vérselo navegar las orillas de su pueblo en una tabla.

# Sueño de la cercanía
PEDRO POITEVIN

Duermo en la casa contigua
a la casa que está al lado

de la casa que está al lado
del corazón de la Antigua,

el corazón de la Antigua
reticulado y bifronte.

Reticulado y bifronte
es también mi corazón,

y es también mi corazón
la casa en el horizonte,

*\*\**

la casa en el horizonte
atrás del volcán que está

atrás del volcán que está
aquí, no lejos del monte.

Aquí, no lejos del monte
envuelto en neblina ambigua,

envuelto en neblina ambigua,
me despierto y me imagino

me despierto y me imagino
duermo en la casa contigua.

## Juan Vitulli (Rosario, Argentina, 1975)
### Finalista del II Premio de Poesía Juana Goergen, 2021

Estudió Letras en la Universidad Nacional de Rosario. Obtuvo su título de profesor y en el año 2003 viajó a Estados Unidos. Pasó por Nashville, Tennessee, donde obtuvo una maestría y un doctorado en Literatura Española. Vive en South Bend, Indiana, donde es profesor en la Universidad de Notre Dame. Cuando su trabajo se lo permite, escribe lo que él define como literatura argentina de Indiana. Sus últimos libros y publicaciones son *Sur de Yakima* (2019, Mención de Honor en el concurso Alcides Greca de la Provincia de Santa Fe, Argentina, que premia a los mejores libros publicados entre el año 2017 y 2020), *Daisy Chains* (2020) y *Poemas Primavera Indiana* (2020). Un cuento de *Sur de Yakima* fue traducido al inglés por Peter Bush y se publicó en *Massachusetts Review* en el número de Summer, 2020, con el título "The Penultimate Tree".

# A una foto de Lucía Joyce vestida de escamas
Juan Vitulli

Un par de hombres solos hablando de vos durante un terco verano en Zúrich no dejan de ser, Lucía, a pesar de la olímpica dimensión de sus espaldas, solamente dos hombres solos hablando porque pueden.

Uno inventa pesadillas, las descifra el otro, y en un inconcluso ritual jesuita de geometrías amorosas se detestan desde antes de tu salto a escena. Pero hoy en el ángulo del despacho del primero son tan solo dos sepias sirenas de estas costas sin Ulises, sin mar y sin orillas, que al cantar viejas baladas de rescates y naufragios celebran, sin saberlo, a la cera y el oído.

El tuerto casi padre entona "Have you noticed that my daughter seems to be submerged in the same waters as me?". Y el otro en pose pesa las palabras del concepto al que trueca en súbito epitafio: "Yes, but where you swim, she drowns". Dos hombres solos, Lucía, en suma, no saben del agua y de los pasos, no saben de los tenues trasbordos de tus piernas, ni de las líneas que fugan la luz de tu silueta, y mucho menos conocen la inmediata vibración de tu cuerpo en canto ido. Ofeliada camuesa te pretenden, Lucía, y sin admitirlo se espantan de que la nadadora en doradas escamas italianas arrope en seda al mar de tantos ecos.

O bella, bionda, Sei come l'onda,

CARLOS RAMOS GUTIÉRREZ (Remedios, Cuba, 1986)
Finalista del II Premio de Poesía Juana Goergen, 2021

Es poeta, narrador, compositor y guionista de cine, radio y televisión. Es licenciado en Estudios Socioculturales por la Universidad Central de las Villas Martha Abreu (2009), egresado del Centro de Formación Literaria Onelio Jorge Cardoso en La Habana (2009) y máster en Realización Audiovisual por el Instituto Superior de Arte de La Habana (2013). Es autor del blog literario *Oráculo sin voz*. Ha publicado los poemarios *Del vacío que te quiebra* (2016) y *La bruja* (poesía para niños, 2016). Parte de su obra ha sido publicada en las antologías *Jóvenes narradores de San Juan de los Remedios* (2015), *Actuales voces de la poesía hispanoamericana* (2017) y *Antología poética nuestra voz* (2019). Artículos suyos han aparecido en las revistas cubanas *Clave*, *El Mar y la Montaña* y *OnCuba*.

# Últimas horas de Virginia Woolf
### Carlos Ramos Gutiérrez

Virginia Woolf acaba de mudarse a Monk's House en las afueras de Rodmell, no muy lejos del río Ouse.

Virginia Woolf es solo una mujer que escribe cosas, una mujer que piensa muchas cosas que no escribe. Virginia Woolf es Nicole Kidman en una película de Stephen Daldry.

Anoche tampoco pudo dormir: otra vez olvidó tomar sus píldoras.

Virginia Woolf les confiesa a las aves del jardín que no soporta más, que está cansada: oscuros seres atormentan sus vigilias, el rey Eduardo VII se empeña en espiarla entre las azaleas... ya no consigue conciliar el sueño. Las aves le responden, a coro le responden –en griego y el canto de las aves es la voz de antiguos oráculos, un susurro en los oídos de Virginia Woolf. Virginia Woolf se va a dar un paseo por la ribera del Ouse: desesperadamente busca algo entre sus bolsillos– un atisbo de luz acaso mas solo encuentra piedras. Las aguas del Ouse son frías y audaces sus corrientes. En el fondo todo es silencio y quietud, no se escuchan ya las otras voces... Las aves en el jardín de Monk's House han enmudecido.

# Jardines, 2022

Jardines. Brotes de palabras. Espinadas, espigadas, rosáceas, violetas, discretas o acaloradas. Campos de versos, traversos, perversos, conversos, anversos, conexos. Jardines como palabras fértiles. Crecen. Florecen.

LUISA FUTORANSKY (Buenos Aires, Argentina, 1939)
Homenajeada, 2022

Reside en París desde 1981. En Francia, durante diez años fue conferencista en el Centro Pompidou y también durante una década fue periodista en la agencia de prensa AFP. Recibió el Premio Konex de Poesía 2024, fue becaria de la Guggenheim Foundation en Estados Unidos y Chevalier des Arts et Lettres en Francia. Entre su obra reciente se encuentran los ensayos *Toco madera* y *Las malqueridas* (ambos en colaboración con Lucía Iglesias Kuntz) y *Equidistancias* (2024); así como los poemarios *Humus... humus. Poesía* (2021) y *Los años peregrinos 1976-1997* (2022). También es autora de *Los años argentinos 1963-1972* (2019).

# Casa guerra, casa paz
## Luisa Futoransky

la casa guerra está llena de andar y venires
mucho ruido, broncas, barro, escupidas
gasa y mal aliento que da náuseas solo con pensar

la casa guerra está llena de cornejas que picotean restos
en tapices que pierden colores y valor

los bancos perfeccionan la seguridad de cajas fuertes
que no queda nadie para abrir
la casa guerra es pura diversidad ufana
siempre triunfante, siempre dura y orgullosa
pura charanga, puro bombo y cornetín

la casa paz un engañapichanga
que el viento se llevó
fuera del planeta
donde parecería que halló asilo
en un hoyo negro de algún firmamento
algún silencio
el vago contorno de una mancha
que de tan lejos parece flor

José Ramón Ripoll (Cádiz, España, 1952)
Homenajeado, 2022

Es autor de varios poemarios, entre los que destacan *El humo de los barcos* (1983), *Hoy es niebla* (2002), *Piedra rota* (2013) y *La lengua de los otros* (2017). Fundador y director de la revista *Atlántica* de poesía, ha publicado varias antologías de su obra poética, como *La vida ardiendo* (2013), *El espejo y el agua* (2018) o *La sombra de nombrar* (2019). Ha recibido los premios Rey Juan Carlos I, Tiflos, Fundación Loewe y Europa in Versi, entre otros. Ha publicado también numerosos artículos, ensayos y monografías literarias y musicales, muchos de ellos dedicados a estudiar la relación entre música y poesía, como *Variaciones sobre una palabra*, *Canción del agua* o *La música del verbo: reflexiones sonoras sobre la poesía*.

# (Padre)
## José Ramón Ripoll

Quién pudiera, mi padre, ser el tuyo,
no por verte morir, sino por darte
todo cuanto me diste sin saberlo,
como el agua del monte a sus manantiales
que creen ser un milagro de la tierra.

Quién pudiera, mi padre, ser tu hermano
para aprender contigo todo lo que aprendiste
y ser voz paralela a tus asombros
ante el fuego o la noche y compartir
tu primera visión del mundo y de sus formas.

Quién pudiera mirar por esos ojos
que en silencio me vieron, me pensaron
como hoy soy tal vez, como la esencia
de aquello que quisiste ser conmigo
y lo que soy ahora cuando te miro, padre,
en tu palabra muda que es la mía.

Ana Varela Tafur (Iquitos, Perú, 1963)

Es integrante del grupo cultural Urcututu (voz onomatopéyica del búho). Publicó los poemarios *Lo que no veo en visiones* (1992, ganador de la V Bienal de Poesía, Premio Copé), *Voces desde la orilla* (2000), *Dama en el escenario* (2001) y *Estancias de Emilia Tangoa* (2022, Premio Nacional de Poesía en Perú en 2023). Sus poemas traducidos por Yaccaira Salvatierra fueron publicados en las revistas *AGNI*, *Plume Poetry*, *About Place Journal* y *Latin American Literature Today*. Poemas suyos también han sido publicados en las revistas *Lucero*, *Diálogo*, *Céfiro*, *Huizache* y *Literary Amazonia*; y antologados en *Al norte de la cordillera: antología de voces andinas en los Estados Unidos* (2016) y *Volteando el siglo. 25 poetas peruanos* (2020). Ha coeditado con Leopoldo Bernucci el libro *Benjamín Saldaña Rocca: prensa y denuncia en la Amazonía cauchera* (2021). Es doctora en Literatura Latinoamericana por la Universidad de California, Davis. Reside en California.

# A ti, Emilia Tangoa
ANA VARELA TAFUR

A ti, Emilia Tangoa, que conoces ríos que llevan pasajeros
a ninguna parte. De ti son los barcos destartalados
    con nombres de abandono.

A ti que buscas palabras
para designar grillos disecados
    y hablas con plantas que remedian los dolores del día.

A ti en tu recorrido fluvial sobre aguas que se avecinan
    hacia    varaderos que se borraron con las lluvias.

A ti que respiras aires intactos con mamíferos sobrevivientes
    y visitas a parientes desaparecidos en ciudades bajo el
    agua.

A ti que escuchas el croar de las ranas en tormentas
    próximas
    y vives en territorios de amadas voces que persisten.

A ti, Emilia Tangoa, te hablo en fragmentos,
de relatos icarados con tabaco,
    en alucinados días que esperan noticias de algún Perú.

A ti en una estancia con la mirada de los peces que brillan
    tan solamente con el sol y los pescadores que se
    estremecen.

A ti, que has visto sumergirse los manatíes en su escape.
A ti, que anuncias las redes que capturan
Arapaima gigas en las cochas aisladas.

A ti te hablo con bramidos de venados en combate
en metáforas vibrantes que descifran pasos contra la muerte.

A ti que subes escaleras improvisadas en puertos y ciudades
    y escuchas ventas al por mayor y menor en los
    mercados.

A ti te hablo entre silbidos de bufeos rosados
desde la copa de los tallos donde cuelgan las orquídeas.

A ti te digo en la vastedad de la floresta que no es avatar, ni
    El Dorado,
    ni paraíso ni infierno, ni espacio vacío, ni tierra
    prometida.

A ti te evoco, desde la belleza diversa, Emilia Tangoa.
A ti que escuchas y vigilas a los mamíferos que se
    extinguen,

A ti te nombro, Emilia Tangoa, como un sol ardiendo
    sobre un planeta de árboles vivos.

LUISA ANGÉLICA SHEREZADA *CHIQUI* VICIOSO (Santo Domingo, República Dominicana, 1948)

Es poeta, ensayista y dramaturga; licenciada en Sociología e Historia de América Latina en Brooklyn College, CUNY; máster en Educación de la Universidad de Columbia y con estudios en Administración Cultural de la Fundação Getúlio Vargas de Rio de Janeiro. Ha escrito los libros de poesía *Viaje desde el agua* (1981), *Un extraño ulular traía el viento* (1985), *Intern/A/miento* (1992) y *Eva/Sion/Es* (2007), así como los de ensayo *Algo que decir: ensayos sobre literatura femenina* (1983, 1992), que fue el primer texto de crítica literaria feminista en República Dominicana; *Julia de Burgos la nuestra* (1983 y 1990); *Salome Ureña de Henríquez: a cien años de un magisterio* (1997); *Hostos y su visión de la mujer* (1998), entre muchos otros. También es autora de las obras de teatro *Wish-ky Sour* (Premio Nacional de Teatro, 1996), *Salomé U: cartas a una ausencia* (2001, Premio Casandra), *Desvelo (diálogo entre Salomé Ureña y Emily Dickinson)*, así como de la danza teatro *Magdalena* y de la pieza *Andrea Evangelina*, basada en la vida de la primera médico dominicana.

# A-Leteo
## Luisa Angélica Sherezada Chiqui Vicioso

Leteo: uno de los ríos del infierno cuyo nombre significa olvido. La sombra de los muertos bebía de sus aguas para olvidar el pasado.

En oleaje de piedra
escamado por el agua
el espinazo de una serpiente
de cuatro cabezas.

Presidiendo la asamblea
monolitos de chivo y gallo
oreja y erizada cola
de un gato oscuro y gigante
impidiendo el acceso a la memoria.

Observando nuestros pasos a tientas
nuestros pasos vigilados
millones de golondrinas
y murciélagos.

En eco de estalactitas
milenarias voces, rostros
torsos, pies y manos
rastros que una vez
sepultara el agua.

Altar de rotos Caracoles

Notredame de cal y huesos
monólogo de la tierra
interrumpido por los pasos
de los que osamos
violar el olvido.

Es preciso susurrar tu nombre
Francisco Alberto.

CRISTIÁN GÓMEZ OLIVARES (Santiago de Chile, 1971)

Poeta y traductor, ha publicado, entre otros títulos, *Alfabeto para nadie* (2008), *El hombre de acero* (2020), *Yo, Norma Desmond* (2024) y *El incendio del Reichstag/ Burning of Reichstag* (2024). Tradujo los libros *Cosmopolita* (2014) y *Ciudad modelo* (2018), de Donna Stonecipher; la antología *Yo solía decir su nombre* (2022), de Carl Phillips; y de Mónica de La Torre compiló y tradujo *Feliz año nuevo* (2017). Es editor, junto a Luis Arturo Guichard y Jannine Montauban, de *Lecturas del Equilibrista. Reflexiones en torno a la obra de Eduardo Chirinos* (2024). Fue miembro del International Writing Program (Universidad de Iowa) y Writer in Residence en el Banff Center for the Arts, en Canadá. Es profesor de literatura latinoamericana en Case Western Reserve University. Codirige, junto a Edgardo Mantra, la editorial de poesía en traducción 51GLO V51NT1D65, de México. Es Associate Editor de Cardboard House Press.

## 1982
CRISTIÁN GÓMEZ OLIVARES

Yo solía vender tarjetas de navidad en el centro
de Santiago. Llevaba un uniforme que me hacía

pertenecer a aquella época. Los adultos se exigían
a sí mismos lo mismo que a nosotros:

    una flor en la mano para vender
    lo que obligatoriamente otros

tenían que comprar. Ahora nuestro Señor
vuelve a nacer, rodeado de animales

      pero lejos del pesebre:
    rodeado de gente que lo adora

por las mismas razones que otros lo detestan.
Los adultos esperaban que vendiéramos

tarjetas que no dijeran nada
      de aquella época:

los transeúntes venían escapando,
      pero aun así

no sería tan difícil convencerlos.
Al fin y al cabo llevábamos uniformes

que nos hacían pertenecer a aquella época.
Después de todo era el centro de Santiago.
Cada vez que paso por allí

    un perro se muerde la cola
demostrando que todo el mundo

es capaz de aprender esta lección:

    un hombre persigue a un hombre que huye.
    Cuál de los dos comprará nuestros mejores deseos.
    Cuál de los dos quiere hacerlos realidad.

Y cuál es el que se levantará por la mañana
consciente de que la ciudad es un laberinto

    aunque él no sea el minotauro

sino un hombre que huye porque un hombre lo persigue
sino hierba creciendo sin que nadie la escuche crecer.

CRYSTAL VANCE GUERRA (Chicago, EE. UU./ México, 1988)

Poeta, historiadora y educadora chicana. Vive entre Chicago y la Ciudad de México. Su arte es latinoamericanista de raíz, espanglish en expresión y está escrito para ser leído en voz alta. Es la fundadora del único *slam* de poesía en español de Estados Unidos, Slam Diáspora, que reúne a poetas latinos en Estados Unidos y poetas de Latinoamérica para fomentar la unidad entre nuestras comunidades artísticas. Sus poemas han sido publicados tanto en México como en Estados Unidos. Dirige talleres de poesía en ambos lados de la frontera.

# Chicago
CRYSTAL VANCE GUERRA

arrójame a los vientos de otoño
donde las hojas se incendien sin quemar la madera
dejando los árboles
color carbón apagado

chicago

aquí los muros crecen
y las casas se vácuan
aquí las palabras indígenas no se entienden
sin reverencia a los espíritus que habitan estos lares

chicago

camino y trazo las ruinas del progreso
reliquias de la era de acero
sangre sacrificada para que solo se tumbaran
las fábricas que al final siempre nos mataban

chicago

la dialéctica de la libertad
justicia dentro de lo desigual
paradoja queriendo ser navaja
más pierde su filo con cada cadena que busca cortar

chicago

lo más difícil: seguir siendo creativa
pinto con colores para no perderme
en el plano cartesiano de una ciudad que se quemó
y renació bajo la condena de ser perfecta

chicago

los mitos de aquí no son tan antiguos
casi todos empiezan así: el destino manifiesta
no se sabe de los dioses de la llanura
ni de por qué luego rugen los tornados

chicago

en el D. F. dónde todo se tiñe de esmog
todavía siguen vivos los cuentos y los colibríes
y aquí donde se ve verde
y se ve azul

chicago

se
siente
todo
matrix

FERMINA PONCE (Bogotá, Colombia, 1972)

Es comunicadora social y periodista. Cursó una maestría en Gerencia de la Comunicación Organizacional en la Universidad en la Sabana, Bogotá, y una maestría en escritura creativa de la Universidad de Salamanca, España. Sus poemarios *Al desnudo* y *Mar de (L)una* obtuvieron menciones de honor en los premios ILBA 2018 y 2019, respectivamente; mientras que *Se llamará piedra* recibió mención honorífica del premio Juan Felipe Herrera en ILBA 2022. Su obra aborda temas universales, habla de la naturaleza humana, de sus dualidades, del erotismo y las enfermedades mentales. En 2024 publicó *Todo este silencio* con Ediciones Urano, en el que incursionó en la literatura de no-ficción con relatos sobre su trastorno bipolar.

# Ausencia
FERMINA PONCE

Nadie me dijo que estos días serían turbios
que la mañana se volvería fría
desalmada
sin la mirada del poeta

Nadie me advirtió
que mis pensamientos tendrían olor a muerte
a esta sensación
que me come sin pronunciar palabras
piedra camino llanto
ausencia sigilo cama
ruido cabeza silencio

El vértigo se hace
como en el poema de Ida Vitale
me aturde
me desvanece
y debo recurrir a una lámpara de luz blanca
al rescate que no llega.

Iván Vergara García (Ciudad de México/ España, 1979)

Es docente del Máster de Escritura Creativa en la Universidad de Salamanca y pionero en poesía transmedia. Fue fundador de la plataforma PLACA en 2006, un proyecto cultural activo de la comunidad inmigrante en España. Dirige la Editorial Ultramarina Cartonera & Digital, con más de 150 libros publicados. Ha coordinado festivales como el Recital Internacional Chilango Andaluz en México y España. Desarrolla proyectos visuales y electrónicos (#LitElectrónica) y, en 2013, publicó el poemario *Era Hombre Era Mito Era Bestia*. Vive en Madrid, donde colabora con instituciones como el Fondo de Cultura Económica y el Círculo de Bellas Artes. Ha publicado cuatro antologías de poesía andaluza y chilanga, así como selecciones de poetas en decenas de revistas del mundo hispano. Es el creador de #PoesíaOnTheRoad, tour de cultura hispana por Estados Unidos. Es inmigrante, apoya el mestizaje y continúa creyendo que tender puentes entre regiones y personas hará una diferencia.

# Noveno círculo: los tres
Iván Vergara García

Lo que aquí no escuchas.
Lo que no disminuye ante el desconsuelo,
lo que aparece en vela bajo los dientes,
lo que avista la gaviota perdida en alta ciudad,
lo que ajusta las venidas del Mesías cada quincena,
lo que la hierba emite cuando susurra el amor tendido,
lo que se olvida al levantarse de la cama para escribirlo,
lo que arde solo con pensarlo,
lo que palpita gravemente cuando el corazón emigra,
lo que termina sobre un nopal abriendo heridas,
lo que actualiza la memoria y no avanza del 0 por ciento.

Lo que aquí no mires.
Lo que abrigue al pez que respira cataratas,
lo que crece entre esquina y esquina,
lo que cae del ventanal y da más silencio al bosque,
lo que remite de una vena hinchada de alcohol a otra
         cocainómana,
lo que la cigala aprende contemplando auroras boreales,
lo que recuerda el paciente antes de dormir bajo el bisturí,
lo que alimenta una tarde en el río y lo que tarda,
lo que el tambor vibra para contarle su destino al mundo,
lo que alza vuelo hacia el cometa que nos lleva como
         cicatrices,
lo que defiende la inmovilidad para no crear vida.

Lo que aquí no se dice.

(...)
(...)
(...)

---

## Lila Zemborain (Buenos Aires, Argentina, 1955)

Vive en Nueva York desde 1985. Ha publicado siete libros de poesía que han sido compilados en *Matrix Lux. Poesía reunida (1989-2019)*, junto con dos inéditos: "Lengua bífida" y "Matrix Lux". Además de varios volúmenes en colaboración con artistas, ha publicado el libro de no-ficción *Diario de la hamaca paraguaya*, el ensayo *Gabriela Mistral. Una mujer sin rostro* y las traducciones *Mauve Sea-Orchids* (Belladonna Books, por Rosa Alcalá y Mónica de la Torre), *Guardians of the Secrets* (Noemi Press, por Rosa Alcalá), *Soft Matter* (Quantum Prose, por Christopher Winks) y *Matrix Lux* (Belladonna Books, por Lorenzo Bueno). Es cofundadora de la Maestría de Escritura Creativa en Español de New York University (NYU), donde enseña. Organizó, de 2004 a 2024, la serie KJCC Poetry Series en esa universidad. En 2007, recibió la beca John Simon Guggenheim por su serie de tres libros de no-ficción y poesía *Álbum*, a publicarse en Argentina por Beatriz Viterbo Editora. El primer volumen *El linaje escondido* salió en abril de 2024.

# Solo un signo
LILA ZEMBORAIN

Creer en el rayo de luz vanamente extinguido hace millones
 de años, dirigida su opacidad
flotante por la liviandad de la imagen que se esfuma, por la
 arborescencia de lo que es fugaz en
la manifestación de lo viviente humano o animal.

Microscópico o grandilocuente ex / tasis, convencimiento de
 que la subordinación a esa belleza
es solo un signo, un signo que hace temblar.

Es lo efímero, la mortalidad, la belleza de la mortalidad, la
 apariencia que justifica el deseo de
contraponer a lo sumiso y evasivo la condición humana con
 todo su esplendor de bestia y
misticismo.

¿Qué camino tomar? ¿Hacia dónde dirigir los pasos?

Discernir el ideal hacerlo llevadero, creíble, delirante, posible,
 ascendente y enraizado en la
crudeza de una carne que sangra.

Cruda, cruel la sencillez del amor que en sí se delimita,
 fantasmagoría en la que quiero creer.

Todo mi cuerpo dice no a la farsa para que la farsa no se repita, pero la cualidad de la farsa es la humana contención de lo bestial.

Luis Tubens (Chicago, EE. UU./ Puerto Rico, 1981)

También conocido como Logan Lu, es un artista de poesía en voz alta o poesía hablada (*spoken word artist*). Es autor del poemario *Stone Eagle*. Representó a Chicago en el Slam de Poesía Nacional de 2014 y 2018. Ha recorrido Estados Unidos, México (2016 y 2018), Estambul (2022), Puerto Rico (2023) y Colombia (2024). En 2022 recibió el Premio de Primera Voz en la categoría Vida y Cultura Urbana del Centro de Chicago. Es el poeta de la banda ESSO Funk y uno de los organizadores de Slam Diáspora, el único *slam* de poesía en español en Estados Unidos. Como educador, con el Chicago Poetry Center, enseña poesía en varias escuelas públicas y cárceles de Chicago. Su última producción teatral es *Raíces to Roots*.

Luis Tubens

El cuarto favorito de Abuela es la cocina "La sangre llama"
    decía ella.
Su acento es uno de los últimos sonidos que quedan
50 años de una vida fría en la ciudad
La tiene recordando
Un lugar mucho más cálido
Y tal vez por eso le gusta pasar tanto tiempo
En la cocina.

Esta es su cápsula del tiempo
Los recuerdos de la infancia vuelven
Cada vez que ella
Agrega condimentos
Aquí, ella ofrece consejos con sabor
Sofrito y sazón del alma con amor.
En la cocina es donde Abuela
Se sienta al lado de la ventana
De nuestro apartamento del tercer piso.
Juraría que estaba mirando los techos nevados de la ciudad
Como si fueran las verdes y ondulantes montañas de
    Adjuntas.

La ventana de nuestra pequeña cocina
Que mira hacia un callejón
Era una galería del barrio
Las mañanas eran café,
Fuerte.

Era su ritual del amanecer para despertar los sentidos.
Una lata de Bustelo al lado de la estufa
Mientras ella tomaba su pan con mantequilla.
Las tardes traían bacalao frito.
Los chisporroteos sonaron como un océano crujiente.
El grifo suena como una cascada.
Música resuena del radio
Ella baila con el mapo.

La cocina de abuela es donde aprendí a hablar español con sazón:
Sofrito, Pilón, Malanga, Yuca, Machuca
Y espero pacientemente mi comida.

OM ULLOA (Matanzas, Cuba, 1958)

Reside en Chicago. Es autora de *palabrerías aNalfabéticas* (2016), *La Mirada* (2017) y *plagios* (2022). Forma parte de las antologías *eXpuestXs, a lo experimental* (2024), *Equívocos. Poetas cubanos de inicios del siglo XXI/ Misconceptions. Early 21st Century Cuban Poets* (2021) y *Las piedras clamarán. Poesía cubana contemporánea de temas LGBT+* (2019). Sus cuentos aparecen en *Narrativa LGBTQ+* (2023), escrita en español en Estados Unidos y Puerto Rico; *#NiLocasNiSolas* (2023), de narrativa escrita por mujeres en Estados Unidos; *Con la urgencia del instante. Antología de microrrelatos en español* (2022); *Trasfondos: narrativa en español del medio oeste norteamericano* (2016); *Cuatro cuentistas de Chicago* (2007); *En el ojo del viento: ficción latina del Heartland/ Into the Wind's Eye: Latino Fiction from the Heartland* (2004); y *Voces en el viento: nuevas ficciones desde Chicago* (1999).

# atOMarporcuLo
OM ULLOA

> plagio de *The Triumph of Bullshit*,
> de T. S. Eliot

señoronas dear ladies culonas cuya atención
acaparo por considerar mis derrumbados méritos
de remilgue faltos que ni tan orotund ni tan alembicated
gris electrificado pitirre en el alambre sus orondos
alaridos requeterrimbombantes y de mal gusto
degustados, tan poco elegantes, indigestos eructos
de esta voz con sus extravagantes ecos brutales
cascarrabias creadora de abundantes y abultadas
incompetentes galimatías onomatopéyicas
estridentes tal vez hasta (l)imitadas por ustedes
considerarlas cacofonías carentes

—por el amor de dió, váyanse a tomarporculo—

con sus tantos otros señorones insípidos y cultos
anos pomposos poetóxicos de la métrica
inmeticulosa and such floundering versicles
so feebly versiculous pensándome vociferante
chusma e irrespetuosa criolla adjetivizada y barroca
infantil muñeca de trapo que juega con las letras
como si carnívoros leones de juguete fueran

fumiferous and vaporous among so many
Theories scattered on so many leaves of grass

          T. S. Elitom

## ORIETTE D'ANGELO (Caracas, Venezuela, 1990)

Es escritora, artista visual y académica. Máster en Digital Communications & Media Arts por DePaul University, Chicago, se prepara para obtener el doctorado en Español de la Universidad de Iowa. Cursó el MFA de Escritura Creativa en español y se desempeñó como editora de la revista *Iowa Literaria*. Es fundadora y editora de la revista digital *Digo.palabra.txt* y del proyecto de investigación y difusión *#PoetasVenezolanas*. Es autora de los libros *En mi boca se abrirá la noche* (2023), *Pájaro que muerde. Diario de Iowa, 2018-2019* (2022) y *Cardiopatías* (2016, Premio para Obras de Autores Inéditos 2014). Ha sido traducida al inglés por Lupita Eyde-Tucker en *Homeland of Swarms* y publicada por co.im.press en 2024.

# La carne prevalece
## Oriette D'Angelo

Me asumo creadora
porque todo lo que quiero es explotar
belleza
mediante todo lo que digo
o lo que ahora me produzco
pero quedo temblando   en ambas formas
quedo temblando
y solo quiero
escribir poemas o volver al conjuro
cuando acaba uno viene lo otro
no sabía que mi cuerpo
podía ser así de interesante
no sabía que mi voz podía sacudirse
desde el pedazo
y llego tarde
reconozco
temprana solo fue la poesía
y desde allí el grito
tempranos los dedos
que no se conocían
temprano el no entender
pero ahora
la carne prevalece
prevalece el grito   medianoche
                de todas las noches
a partir de ahora
con los dedos que leen   escriben   reclaman espacios

convoco la carne de los vivos
exhalo
respiro   profundo
y siento  pienso
descanso

Hago entonces
la luz.

Víctor Vimos (Riobamba, Ecuador, 1985)

Vivió en Perú, donde se recibió como máster en Antropología en la Universidad Nacional Mayor de San Marcos, Lima. Luego, se mudó a Estados Unidos, donde cursa estudios de doctorado en Literatura y Cultura Latinoamericana en la Universidad Estatal de Ohio. Ha publicado los libros *Retórica del amaranto, Acta de fundación* y *Ácrata alucinatoria, variaciones peruanas*. Recibió el II Premio Internacional de Poesía Pedro Lastra (Estados Unidos, 2020) y el Premio Nacional de Poesía Jorge Carrera Andrade (Ecuador, 2022).

# el sonido dictado
### Víctor Vimos

*para Marloes,*

y
    adelanta repentino tu cuerpo
el sonido de una brújula que agita
    humeante de hilo
    la cascada

qué viva la esfinge de la nada quemada
qué vivo el instante que encrespa los confites
                    de tu trance

    redonda se cierra un alga sobre el relámpago
que desvanece el temblor del trino
    y alza el nevado
para colocar tu ser en su núcleo

ya la bulla cede su bulto a la flama
ya otra vez ciego ante el ramaje de tus labios

    un eco
un murmullo para aflojar la espina
    el cardumen

esta lanza quiebra la tempestad
    hace flor en la orilla del miedo
donde el liquen desnudo del espacio
                teje deseo

lejos el animal que gime rasgado en los cebos
lejos el vapor madurado en pausa

    no es
no hace como hacía de tus ojos
    su propio reflejo

el sonido de una brújula que agita humeante
    azul el alambre abre la espuma

    sobre la esfera
    sea
    tu raíz de cristal
tu esencia de agua soñada

    criatura que aconteces en medio del canto
        deslizando los terrones
        de un continente imposible

MASIEL MONTSERRAT CORONA (Hidalgo, México, 1987)
Ganadora del III Premio de Poesía Juana Goergen, 2022

Es poeta y gestora cultural mexicana, radicada en California, Estados Unidos. Máster en Literatura Hispánica y Lingüística por la Universidad Estatal de California en San Bernardino, se certificó en la enseñanza de inglés en la Universidad Estatal de California en Fullerton. Es licenciada en Letras Hispánicas y Cultura, en la especialidad de Estudios Chicanos/ Latinos, por la Universidad de California, Irvine. Es autora de los poemarios *Cantos revolucionarios* y *La casa que habitamos está en la boca*. Ganó el Premio de Poesía Juana Goergen de 2022, por la Universidad DePaul en Chicago y *contratiempo*; y el segundo lugar de poesía para la Diáspora Mexicana, del Instituto de los Mexicanos en el Exterior, Berlín. Su trabajo poético aparece en diversos medios impresos y digitales, dentro y fuera de Estados Unidos. Labora como maestra de niños y jóvenes migrantes no acompañados.

# Ensamble
## Masiel Montserrat Corona

א
El reencuentro se oculta en los sueños.
Cruzando la puerta,
descendemos la escalera,
c a e m o s
como las palabras caen sobre la lengua:
El oráculo,
la vía,
un juego de azar.

ב
Un orbe llameante transforma los ojos,
la luz resplandece,
el futuro permanece incierto,
el brillo de los rostros reflejados en el agua,
atraviesa los límites;
plasma nuestros contornos sobre la oscuridad inmensa.
Abajo, consumidos por los rayos,
nacemos policromos,
reconocemos nuestras sombras.

ג
Capturamos el tiempo en las pupilas,
todo se revela en ellas.
Cuando el esplendor nos desnuda,
las distancias se acortan.
Mordiendo el aire,

buscamos las plumas de las aves arrastrándose,
llegamos y partimos siendo uno.
Al comienzo hay un viaje esperado,
gira incompleto.
Llorar las pérdidas punza nuestra piel,
nos torna humedad.

ד
Abrirse es reparar lenguas rotas,
develar oídos aleja la penumbra,
destruye jaulas, llena nuestras bocas de un amarillo intenso.
Mira el hueco de la violencia disipando su fuerza.
Levantar muros anochece al amor,
y declina el verde vivo uniéndonos.
Pero de una voz esmeralda
se levanta otra igual,
infinita.
En el más profundo misterio
se expande siempre adelante,
creciendo su bondad.

ה
Abrasados,
trazamos el vuelo sobre el follaje,
recobramos nuestro calor.
La tierra aguarda el retorno,
el pacto de nuestro exilio.
Adentro, nos refugiamos curvos,
humildes,

supremos ante el terruño que nos recibe en calma.
Eclipsarse y arder, anuda las distancias.

## María Sofía Urrutigoity Linares (Mendoza, Argentina, 1995)
### Finalista, III Premio de Poesía Juana Goergen, 2022

Usa el seudónimo Margarita Cox. Es amante del mar y de salir a tomar café. Estudió la carrera de Letras y Diplomatura Instrumental en Corrección y Edición de Textos (Ortotipográfica y Estilo) en la Universidad Nacional de Cuyo, Argentina. En Sevilla, se enamoró del azahar, le cantó al naranjo y finalizó sus estudios de máster en Escritura Creativa (US). Trabajó como docente en el nivel medio y superior y como autogestora de talleres literarios en Mendoza y en la ciudad de los vientos, Chicago. En 2022 fue poeta finalista con mención de honor del concurso festival Poesía en Abril de Chicago por DePaul University y *contratiempo*; y ganadora del Premio Internacional San Juan de la Cruz ese mismo año. Publicó su primer poemario, *Un cielo de papel bajo mi cama*, por Fractura Ediciones y su segunda obra, *Matrioshka*, por la editorial Gollarín. Como doctoranda de la Universidad de Sevilla, se especializa en estudios de poesía española actual y trabaja como investigadora y correctora desde París, ciudad donde se inspira, lee, escribe y ama entre hilos de familia, música y palabra.

## Nunca se suelta una nereida
### María Sofía Urrutigoity Linares

quisiera llevarte en mis ojos
como toda la nieve de una mañana
al sol, al borde del lago
como la luz de una pregunta
con qué sueñan los demás
por ejemplo

quisiera reconocerte
como la súplica de Isaac por Rebeca
así como el héroe creyó que una caricia
fuera buena idea para vencer al monstruo del Hades
así como nunca se suelta una nereida
y se inventan los bestiarios del mundo
para intentar comprendernos

quisiera vestirte
como se muestran venas expuestas de la herida
cuando gotas de agua corren por nuestra piel
vestirte como se lucía aquella túnica
muy especial de mangas largas
manchada con sangre de carnero
por sus hermanos

para que en el último minuto
escuchen que traemos
un collar de palabras en el canto

y nos digan: ahí viene ese soñador
hacia el parque nevado de la muerte

## CHRISTIAN ELGUERA (Lima/ Tingo María, Perú, 1987)
Finalista del III Premio de Poesía Juana Goergen, 2022

Nació en la capital de Perú, pero reconoce sus raíces familiares en Tingo María (una localidad amazónica peruana en la provincia de Huánuco). Obtuvo su licenciatura en Literatura en la Universidad Nacional Mayor de San Marcos y posee un doctorado en Lenguas y Literaturas Ibéricas y Latinoamericanas de la Universidad de Texas, en Austin. También completó un portafolio de posgrado en el programa de Estudios Nativos Americanos e Indígenas en esta institución. Es profesor asistente de Español y Estudios Latinoamericanos en Marist College y, desde 2021, se desempeña como traductor y corresponsal de literatura indígena para *Latin American Literature Today*. Como escritor creativo, ha recibido reconocimientos literarios en Perú, como una mención honorable en el XXI Premio Copé de Cuento Bienal por su texto "El extraño caso del señor Panizza" (2020), el Premio Copé de Plata por su cuento "El último sortilegio de Fernando Pessoa" (2022) y el Premio Copé de Oro por su primera novela, *Los espectros* (2023).

# Biografía mercurial de Alberto Caeiro
CHRISTIAN ELGUERA

Ahora, Caeiro, escucha desvanecido la verdad de tu cuerpo.
Entremira esta noche nacida del primer misterio,
noche falsa que engañas, resabio de metafísicas y rabias.
El último sol se descolora sin pensar en nada.
Entonces, solo entonces, bendecido por manos esmeraldas
sentirás la espantosa realidad de las cosas,
sentirás tu cuerpo sumergido en signos,
vocablos abyectos en tu alma, ocultos,
pronunciando una lengua inhóspita y sin morada.

La distancia es una faca azul, despoblada y sin palabras

Luego del tiempo calcinado llegarás al país de los espejos

—Agitado murmullo lejano
labios sin nombre ni tacto—
de hendidura en hendidura tropezando
andante entre huesos, náufrago en lo místico,
cuerpo larvado de dudas, cuerpo sin origen ni espasmo.

En la frescura de una tarde, en algún instante, una soga
        caerá sobre tus pies,
susurrando la verde música del relámpago:
no transformes en poema la existencia de ese río,

pues solo es un río y simple, lejano, sigue su camino;

no escribas palabras sin antes retomar tu cuerpo;
antes de volver, repite, "no existas en el tiempo";

**2**
olvida los nogales, los castillos, la herida del garguero;
precipita la tempestad hasta olvidar lo aparente,
calcina tu sombra con ese fuego inacabable
antes que las palabras se vuelvan llanuras impalpables.

Antes de cerrar la ventana escucha su voz creciendo:
entre las aguas calmas
un cuerpo arde la tierra
tu cuerpo sintiendo la tierra,
cuerpo verdadero
–percibido sin tocar, encarnado sin hablar–,
cuerpo verdadero creado en las noches sin piel
sin luz, sin pensamiento, a escondidas de la muerte,
persiguiendo más que las tres luces de lo inmundo:
azul adulador hiriente rojo púrpura engañoso.

Invencible,
este mar sin argonautas volverá a su cuerpo,
cuando la piedra germine y entre fuegos desconocidos
los dioses vuelvan brillantes, sedientos,
prístinos como un viaje sin pretensiones ni final.

Ahora, Caeiro, abre tus ojos y despacio desaprende,
antes de iniciar tu peregrinación por los secretos del mundo.
Sin culpas, sin remembranzas, sin confusión,
descansando en otra orilla, indiferente,
siente este rumor indestructible y delicado:

la lluvia se llama lluvia y su sonido despierta
brillando claramente el cuerpo de la tierra.

DePaul University & Contratiempo presentan

# Poesía en Abril

# PULSO

Letras de:
Gioconda Belli
Luis Muñoz
Carlos Aguasaco
Manuel Tzoc
Malú Urriola
Ethel Barja
Jamila Medina
León Salvatierra
Rafael Ortiz Calderón
Olivia Maciel
Ruth Llana
Yolanda Nieves
Eduardo Arocho

Sonidos de Paula Herrera
y
Carolina Oliveros +
Camilo Rodríguez
de 'Bulla en el Barrio'

   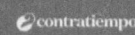 

**ABRIL '23**
**20-22**
poesiaenabril.org

# Pulso, 2023

Pulso. Cadencia, sonido y silencio. Palabra hablada, escrita, sincopada. Palabra herida de vida, latiendo entre abismos. Pulso. Intervalos de vida. Promesa.

## Gioconda Belli (Managua, Nicaragua, 1948)
Homenajeada, 2023

Fue ganadora del Premio Biblioteca Breve y el Premio Sor Juana Inés de la Cruz por su novela *El infinito en la palma de la mano* (2008). Es autora de la icónica novela *La mujer habitada* (1988, 2010), que obtuvo en Alemania el Premio de los Libreros, Bibliotecarios y Editores a la Novela Política del Año y el Premio Anna Seghers de la Academia de las Artes. Otras novelas suyas son *Sofía de los presagios* (1990, 2013), *Waslala* (1996, 2006), *El pergamino de la seducción* (2005), *El país de las mujeres* (Premio La Otra Orilla 2010), *El intenso calor de la luna* (2014), *Las fiebres de la memoria* (2018) y *Un silencio lleno de murmullos* (2024). Ha publicado *El país bajo mi piel* (2001), sus memorias durante el periodo sandinista. Su obra poética ha recibido el Premio Reina Sofía de Poesía Iberoamericana 2023, por el que se editó la antología *Parir el alba*. Visor ha publicado en 2024 *Toda la poesía 1974-2020*. Entre otros reconocimientos ha ganado el Premio Gil de Biedma por el poemario *El pez rojo que nada en el pecho* (2020); Francia le otorgó el título de Chevalier de las Artes y las Letras, y recibió el Premio Hermann Kesten en 2018. Es presidenta del PEN Nicaragua en exilio. Su obra está traducida a más de veinte idiomas. Desde 2022 reside en Madrid, en el exilio, debido a una condena del régimen de Daniel Ortega y Rosario Murillo, que incluyó la confiscación de sus bienes en Nicaragua.

# Nicaragua
## Gioconda Belli

Tantas veces me he propuesto olvidarte
como si fueras un amante cruel de esos que le cierran a uno
la puerta en las narices
o uno de aquellos que cuanto más se aman
más olvido prodigan
pero nada de lo que hago lo consigue
viene el verdor la lluvia el viento
el revoloteo de los papeles en las calles
el roble derramando sus flores como cáscaras de seda en las
    aceras
el rostro del chavalo con el trapo
su sonrisa que cruza y trasciende la pobreza
viene el atardecer sobre el perfil puntiagudo del volcán a lo
    lejos
las nubes derramando pintura roja y púrpura sobre el cielo
el hablar deslenguado rápido juguetón de la gente
y todo lo que maldigo y desdigo de vos se me deshace
y me irrumpe el amor como si me corrieran caballos en el
    pecho
y te contemplo atravesada de ceibos y corteses
de madroños caobas y palmeras
y te amo patria de mis sueños y mis penas
y te llevo conmigo para lavarte las manchas en secreto
susurrarte esperanzas
y prometerte curas y encantos que te salven.
Palabras digo puesto que son ellas la argamasa de mi vida
y a punta de palabras te imagino una y otra vez renacida

genial, despojada de cuanta polilla te corroe día a día los cimientos.
Arranco de tu pelo a los que te venden te roban y te abusan
te cuento cuentos en la esquina de mi almohada
te arropo y te tapo los ojos
para que no veas los verdugos que llegan a cortarte la
　　　　cabeza.
Tierra
Paisaje
Yo moriré
Morirán mis angustias
pero vos seguirás
anclada en el mismo lugar
acurrucando mis memorias
y mis huesos.

## Luis Muñoz (Granada, España, 1966)
Homenajeado, 2023

Es autor de los libros de poemas *Septiembre* (1991), *Manzanas amarillas* (1995), *El apetito* (1998), *Correspondencias* (2001) –recogidos en *Limpiar pescado. Poesía reunida* (2005)–, *Querido silencio* (2008), *Vecindad* (2018), *Guadarrama* –en diálogo con guaches de Montse Lago– (2023) y *Un momento* (2024). Ha publicado la antología bilingüe español-inglés *From Behind What Landscape: New and Selected Poems* (2015), con introducción de Ilya Kaminsky y traducción de Curtis Bauer. Ha recibido los premios Ojo Crítico, Generación del 27, Ciudad de Córdoba y Público. Es profesor en la Universidad de Iowa, donde dirige desde 2018 el programa MFA de Escritura Creativa en Español.

# Poema doctor
## Luis Muñoz

Prefiere que le mire
solamente.

No me ausculta.

Desde su página soy
una oportunidad
para saber qué sabe.

El blanco en el que vive
vibra
como un tambor.

En la sala de espera
nadie espera.

Navegan los sonidos
del pasado
rizándose en el aire
y quitándose piel.

De mi umbral del dolor
quiere que hable.
"Depende del entorno" –le digo
por decir,
sin revivirlo.

Me hace creer
que soy su reto,
que le importo
y que de mí depende.

Tiene a mano el silencio,
su textura de miga,
por si acaso.

Los minutos transcurren
como si fueran siglos
y brotasen:
fuentes de agua
o sol.

No me receta nada,
o sí:
que vuelva.

## Eduardo Arocho (Chicago, EE. UU./ Puerto Rico, 1970)

Nació en el vecindario de Humboldt Park. Es autor de seis poemarios: *Poems Behind the Mascara* (2002), *Paseo Boricua Renaissance* (2003), *The 4th Tassel* (2006), *Highway Island II* (2007), *Highway Island* (2008) y *Hot Wings* (2013). Sus primeros poemas se publicaron en *Open Fist: Anthology of Young Illinois Poets* (1993) y *Powerlines: Anthology* (2000). Poemas suyos han sido incluidos en revistas como *Another Chicago Magazine* (2022), *contratiempo for Poesía en Abril* (2023) y *Diálogo: An Interdisciplinary Studies Journal* (2024); y en libros como *El Centro Journal* (2001), *El movimiento de los reyes hacia la estrella sola de Ramón López* (2008), *Cantología, Palabra Pura Poets* (2013), *We Are* (2016), *Wherever I'm At, An Anthology of Chicago Poetry* (2022) e *Irma Romero "Soy mujer mejicana de la clase trabajadora"* (2022).

# Los hilos del hijo de Obatala (para Ramón López)
Eduardo Arocho

Santo de todo lo blanco
Desde el reino número ocho
Obatala llamó a su hijo Ramón
Estudiante en el octavo grado
Para que descubra su arte mágico
De calle y campo y alma adentro
Ramón solo le pidió paciencia a su santo bueno
Para que descubriera la técnica de hacer tapices hechos
de hilos acrílico como Papo Bangó
Y brindar a su pueblo tributos de amor

Ramón aprendió a montar un telar
Con clavos martillados, firmes y sólidos
después pudo urdir los hilos en nudos
amarrados lentamente por sus manos, hilos
gruesos, produciendo un tejido esponjoso
bolitas de hilos blancos, rojos y azul celeste
recortados con sus tijeras pequeñas
hasta que apareció la estrella de la bandera
Puertorriqueña echa en nueva york
Donde fue a estudiar y encontró el orgullo Boricua

Cuando su mente se llenó de inventos, regresó a
puerto rico
Y descubrió que tejer para el pueblo

es más importante que teorizar
para la universidad

Se fue con Los Pleneros de la 23 Abajo
Y se convirtió en el chamán tejedor
de tapices para educar y embellecer
a su pueblo en la isla y la diáspora

En las montañas de Barranquitas se encuentra
En su casita rodeado por gatos y lleno de polvo acrílico

Que gran bendición le dio a Puerto Rico
Los hilos del hijo de Obatala

Nuestra historia está descolonizada por
Los hilos del hijo de Obatala

También bautizó el Paseo Boricua con
Los hilos del hijo de Obatala

Ethel Barja Cuyutupa (Huanchar, Junín, Perú, 1988)

Es doctora en Estudios Hispánicos por Brown University. Entre sus poemarios se encuentran *Gravitaciones* (2013), *Insomnio vocal* (2016), *Travesía invertebrada* (2019), *La muda* (2023, mención honrosa en el International Latino Book Awards en la categoría Juan Felipe Herrera al mejor libro en español) y *Hope is Tanning on the Nudist Beach* (2022, medalla de bronce del International Latino Book Awards en la categoría Juan Felipe Herrera al mejor libro en inglés). Ha sido distinguida, también, con el Premio Oversound (2021) y Cartografía Poética (2019). Como especialista en literatura latinoamericana, ha publicado *Poesía e insurrección. La Revolución cubana en el imaginario latinoamericano* y diversos artículos en revistas especializadas. Es profesora a tiempo completo en Salisbury University en Estados Unidos. También ha sido docente en Brown University, University of Illinois at Chicago y Pontificia Universidad Católica del Perú.

# Sin título
ETHEL BARJA CUYUTUPA

el vellón se divide y crece
en resquemor de pasaje
el tejido enfermo
busca la alteración mínima
de los agudos que espolean
con sus filosas protuberancias
despiertan al inquisidor
la fuerza se concentra
y esta fe imperativa se desovilla
en mis sueños
es un día soleado
en picada umbral a punto
esparzo los granos
y vienen a mí
o más precisamente
es domingo y huelen poderosas
las naranjas divididas en su centro
desgarro la pulpa
es hora
las sigo entre los eucaliptos
mientras ciegas ellas se buscan entre sí
y tengo a una en los brazos
rítmica en mi pecho
o más precisamente

espero hacia atrás
la bondad de los días por venir

CARLOS AGUASACO (Bogotá, Colombia, 1975)

Es profesor de Estudios Culturales Latinoamericanos y director del Departamento de Estudios Interdisciplinarios del City College of the City University of New York. Entre sus libros de poemas destacan *The New York City Subway Poems — Poemas del metro de Nueva York* (2020, premio Juan Felipe Herrera al mejor libro bilingüe de poesía en ILBA 2021) y *Cardinal in My Window with a Mask on Its Beak* (2022) que, en 2021, recibió el Ambroggio Prize otorgado por The Academy of American Poets. Es el director de The Americas Poetry Festival of New York.

# Memoria en los dientes de mi abuela
## Carlos Aguasaco

Sobrevivió   mi abuela        a la fiebre    y    a la malaria
sobrevivió      repito        al hambre    y    su miseria
sobrevivió      conmigo
                en un rincón    de su memoria
e incluso
sobrevivió a la violencia      que le robó a su hijo.

Hoy evoco su sonrisa     con   tres   dientes
la constelación
que se mostraba      cuando al abrir los labios me decía:

*Carlos, nunca dejes*
           *que te contagie la peste*
           *de     la    indiferencia...*

-››❋‹‹-

## Jamila Medina Ríos (Holguín, Cuba, 1981)

Es @uncieloazulyunredondel. Aprendió a nadar en El Cairo, en ruso, y a montar bicicleta con su abuelo, en Báguanos, en una Bariay de freno de maza. De la poesía a la narrativa al ensayo, de la poesía a un cancionero, libros-transmigraciones: *Huecos de araña, Anémona, Primaveras cortadas, Del corazón de la col y otras mentiras [más], País de la siguaraya, 2 Times, Ratas en la alta noche, Escritos en servilletas de papel, Diseminaciones de Calvert Casey, Supe una lengua de fuego*. Para recibir el máster en Lingüística en la Universidad de La Habana, estudió la desautomatización de la retórica revolucionaria cubana en la poesía y el teatro de Nara Mansur Cao. En Brown University, su tesis de doctorado se centra en las reencarnaciones del *corpus* mambí en la Cuba de hoy. Dos tatuajes y un *piercing*. Añora volar. Sigue buscando su azimut.

# Dicen que era de corcho... la piña en flor
JAMILA MEDINA RÍOS

una película muda-discontinua neblina
un sol que no atraviesa... Osobbo/ muermo/ mula-dar

no hay subtítulos/ no hay *closed caption*
en lo nublado... ni hay (c)asa ni ha lugar

como barro desleído/ sobre buril zumbante: (la) Cuba se abre
en 7 en 8 en 10: sin la cintura-el punto en boca de una
       sujeción
¿juego de yaquis? ¿haz de maloja? ¿atado/ de palitos chinos?

desmerengada-despelucada-descabalgada... piña sin akokán
por intestino sin luz> va> de su corona> el filo
¿flecha mellada es flecha t/muerta? ¿y flecha manca?

¿cómo me pongo esta matriz ahora? ¿me sirve aún el sayo
del país: la apostasía aunque sea; la hendidura así sea
del agujero de bala? su tachón/ de casabe en ciguatera

duele ¿quema?/ ni siquiera/ ¡taja! col-gajo queda
como flotando entre rabiosa bilis... la placenta sin paz
en travesía~por los montes~donde se deja~ir

¿es lejanía? ¿es pérdida? ¿es... llantén? es nu-(h)ez

podría suturar aquí la sajadura/ del horizonte púrpura
poner un camarote~allí... decir/ rodilla en tierra:

la isla ¿un salvavidas? ¡plomo en el cuello (d)esposado
piedra en la crispadura por tronera/ corcho en el desguazar!

sola ¿me a-tengo? o tengo solo esta marea
fija y muda: como la escena de una cinta que no sé
si quiera o pueda~volver a encabritar~en proyector

SE ANUNCIABAN DE LEJOS LAS VEREDAS ASTRALES:
ikú aro iña ofo arayé achelú eyó ona akobbá fitiwó
peleazote muertenfermedad policíatragedia
pérdidarrepentina revoluciónbochorno maldeojos

ni plantando una ceiba y un pal-mar
volveremos Iré

## León Salvatierra (León, Nicaragua, 1973)

Emigró a Estados Unidos a los quince años. Ganador del Premio de Poesía Juana Goergen en 2020, es autor de *Al norte / To the North* (2012, publicado también en una edición bilingüe por University of Nevada Press en 2022). Su poesía ha aparecido en *Paterson Literary Review*, *Poetry Magazine*, *The Notre Dame Review*, *The Best American Poetry*, *Jung Journal Culture & Psyche* y *The Wandering Song, Central American Writing in the United States*. Doctor en Literaturas Hispánicas por UC Berkeley y máster en Escritura Creativa por UC Davis, se desempeña como editor de poesía para la revista *Huizache* y de la serie New Oeste de University of Nevada Press. También imparte cursos de cultura y literatura en el Departamento de Estudios Chicanos de University of California, Davis.

## Las ruedas tiempo
LEÓN SALVATIERRA

Al final de una tarde con mi paraguas abierto
esperaba junto a rostros cansados
en la terminal de ferrocarril Great America
Las vibraciones en el suelo me hicieron pensar en los elefantes
El rugido se acercaba
Aparecían vagones cargados de tanques de guerra
y camiones blindados
Flotaban como un desfile interminable de mastodontes

Cuánto durará este tren, pensé
Sus ruedas cuántas veces giraran

En el cielo las nubes se miraban monstruosas
La lluvia doblaba las costillas de mi paraguas
Me sumergió en mis propias visiones del tiempo:

Vi a un niño corriendo a su casa para evitar la tormenta
Un armadillo se escapaba ileso de un incendio forestal
Un hombre inconsciente tirado en un campo de batalla
Claveles brotaban de su frente
Vestida de negro una mujer miraba atrás encima de su hombro
Walt Whitman paró en un lugar a esperar por mí
Impactados giramos nuestras cabezas para mirarnos

El desfile de mastodontes desapareció
Habían pasado siglos
Miré la hora y pensé que llegaría tarde a la cena

## Malú Urriola (Santiago de Chile, 1967-2023)

Poeta y guionista, es autora de los libros de poesía *Piedras rodantes* (1988), *Dame tu sucio amor* (1994), *Hija de perra* (1998), *Nada* (2003), *Bracea* (2007), *Las estrellas de Chile para ti* (2015, antología), *Cadáver exquisito* (2017) y *El cuaderno de las cosas inútiles* (2022). Junto a la fotógrafa Paz Errázuriz, publicó el volumen *La luz que me ciega* (2010). Póstumamente, en 2024, se publicó la antología *La música de la fiebre*. También, de modo póstumo, la Fundación Pablo Neruda prepara *Vuela*, libro en el que la poeta trabajó hasta sus días finales. Malú Urriola obtuvo, entre otros reconocimientos, el Premio Municipal de Santiago (2004), el Premio Pablo Neruda de Poesía Joven (2006), y la Beca Guggenheim (2009).

## Malú Urriola

No pierdo las cosas. Las cosas me pierden.
Para ser caminante se requiere poco.
La pasión de las piedras por el silencio.
Las cosas no me pierden. Soy yo, que como una silla me tropiezo.
Un día parto como los perros detrás del camino.

Me llaman el olor del mar, la vieja línea de algún tren, el hinojo creciendo bajo un durmiente, una liebre encandilada en mitad de la noche, una lluvia en un pueblo olvidado como se olvidan las cosas que amamos.
¿Has escuchado a Nina Simone?
*Tomorrow is my turn,* canta su voz temerosa de una vida a solas.
*Tomorrow is my turn,* las lágrimas de los pájaros las seca el vuelo.

·⋆✵⋆·

Escribo como quien construye una barca.
Me levanto buscando una frase que atesorar del mundo
y, cuando la encuentro, el día es posible.

Si los vencejos chillan, chillo.
Si se van, me voy con ellos.
Los frascos se apilan como los recuerdos, por olores.
He visto al fantasma de las cosas inútiles

arrastrar una malla de trastos,
mientras una anciana contempla en el fondo de una taza,
la generosa brisa de la soledad y la ama,
como el jarro honra la tierra con que fue moldeado.

Manuel Gabriel Tzoc Bucup (San Andrés Xecul, Totonicapán, Guatemala, 1982)

Es poeta y artista visual maya k´iche´. Su trabajo consiste en tratar de metaforizar realidades sociales desde la interseccionalidad identitaria, a través del lenguaje poético y de las artes visuales. Los tópicos constantes en su propuesta son: género, identidad, cuerpo, deseo, origen, memoria, poética, lenguaje, imagen, objeto, disidencia sexual, y todas las posibles hibridaciones. Es autodidacta a través de talleres, diplomados, y lecturas de arte y literatura contemporánea. Cuenta con varios libros publicados y artefactos poéticos en edición de autor. Textos suyos aparecen en revistas y antologías literarias de toda América Latina, en español, y también han sido traducidos al inglés, tsotsil, francés, portugués y k´iche´. Ha sido invitado a diferentes festivales de poesía nacionales e internacionales y su trabajo visual se ha presentado en diversas galerías y muestras de arte contemporáneo locales y extranjeras.

# Poema en luz led
**Manuel Gabriel Tzoc Bucup**

*A la poeta brasileña Ana Cristina César*

Me puse muy feliz
al cambiar el foco de mi baño
el anterior proyectaba una luz muy opaca
me deprimía
decidí cambiarlo a uno de 75 watts
y ponerle una pantalla de papel china color amarillo
y al hacerlo
observé el enorme cambio por largo rato
me quedé parado viendo la luz intensa del foco
causaba mucha serenidad a mi espíritu
me bañé en opacidad y claridad
quería tocar la nueva luz
como se toca al poema con las manos sucias
y al mirarlo obsesivamente
recordé a mi querida poeta suicida
Ana Cristina César
parada como fantasma
bajo esa luz de esperanza perdida

## Olivia Maciel (Ciudad de México, 1957)

Es autora de los poemarios *Más salado que dulce* (1995), *Luna de cal* (2000), *Filigrana encendida* (2002), *Sombra en plata* (2005) y *Cielo de magnolias*. *Cielo de silencios* (2015), así como del libro de relatos *Espejos en un café* (2022), ganador de la Medalla de Plata del International Latino Book Award en la categoría Ficción en español. Es autora de la monografía *Surrealismo en la poesía de Xavier Villarrutia, Octavio Paz y Luis Cernuda. México 1926-1963* (2008), y editora del poemario *Astillas de luz* (1998) y del volumen *Vanguardia en Latinoamérica* (2008). Recibió el Premio José Martí de la Universidad de Houston (1993), el Premio Casa del Poeta, Nueva York (1996) y el Premio en Poesía, Northeastern Illinois University (2014). Se doctoró en Lenguas Romances por la Universidad de Chicago. Ha impartido clases de español y literatura latinoamericana en instituciones de educación superior, incluyendo The University of Chicago, Loyola University, Lake Forest College, University of Illinois Chicago, Northeastern Illinois University, Harold Washington College, St. Augustine College at Lewis University y Northwestern University, entre otras. Reside en Chicago.

# Tu huella
OLIVIA MACIEL

En mis labios la huella de tu suave beso
insufla tu espíritu en mí,
con su rama invisible de azafrán crea
un nuevo ser.

Tu huella arde y se eleva dentro de mi ser
aprendo a paladearla en mis labios,
a bendecirla con la saliva de mi boca.

El clavel rojo de tu boca,
buena miel en mí,
alivia,
estremece,
aflora.

Rafael Ortiz Calderón (Tehuixtla, Morelos, México, 1967)

Se ha desempeñado como profesor de español, estudios latinos y filosofía para diversas instituciones de enseñanza superior del área de Chicago, como Loyola University, Roosevelt University, Elmhurst College, Instituto Cervantes, City Colleges of Chicago. Participó en talleres literarios de poesía de la Facultad de Filosofía y Letras de la Universidad Nacional Autónoma de México (UNAM) y de cuento en el Instituto Nacional de Bellas Artes. Fue miembro fundador del taller literario Fe de Erratas, que dio origen a la actual revista cultural *contratiempo*, de gran aceptación en la comunidad latina de Chicago. Publicó el poemario *#VirtualismoMágico* (2023), que da cuenta del momento crucial en que vivimos. Este libro es un recuento de la sociedad consumista y la degradación humana, como resultado del "progreso" sin progreso. El estilo del autor es simple y directo. *#VirtualismoMágico* es una sucesión de imágenes de la interioridad humana, donde la contradicción es el reflejo de la disfuncionalidad del ser humano.

# I  Del oficio de no hallarse
## Rafael Ortiz Calderón

> ...sé que no te gustan las selfis
> de puerco entero.
> El Meme

**Esbozo de imágenes**

dejemos que ocurra algo extraño

arrebatadamente surfeo sin mirar las estelas
hacia un desarraigo funesto
           sin bordes ni hondonadas

esquivando raspones
me desbarranco en
           caída libre
muy adentro de mis rincones
entre sal y planes rotos

impaciente
           cansado del yo
hago borradores y bocetos
tratando de agradar al otro
sin precisar cuáles son
mis dones para engancharme de ellos

pero algo está implosionando
           las paredes de mis huecos
como una necesidad imparable

mirándome desde afuera
murmurando que estoy vivo
para crearme a mí mismo
mezclado entre
              hervores fosforescentes
gases inodoros como
              auto poesía molecular
para que otros puedan leerme
resucitándome a cada instante

eso es hallarse

una magulladura circular que sana
                    cuando me leen
aunque todo lo que escriba esté...

#MalEscroto

## Ruth Llana (Pola de Siero, Asturias, España, 1990)

Es autora de *La primavera del saguaro* (2021); *umbral* (2017); *estructuras*, cuaderno pictórico en edición limitada, en colaboración con el artista plástico Gabriel Viñals (2015); y *tiembla* (2014), con el que obtuvo un año antes el Premio Federico García Lorca de la Universidad de Granada. Tradujo al castellano a las autoras estadounidenses Mei-mei Berssenbrugge (*Me encantan los artistas*, Kriller 71, 2019) y Muriel Rukeyser (*US1*, Ultramarinos, 2022). Junto a Jesse Lee Kercheval tradujo al inglés *Para las focas/ For the Seals*, del poeta uruguayo Juan Manuel Sánchez (Toad Press, 2019). Su trabajo, parcialmente traducido al inglés y al portugués, ha aparecido en revistas como *Shangri La*, *El Cuaderno* y *Revista Kokoro*. Colabora como columnista para el suplemento cultural del periódico *La Nueva España*. Es doctora en literatura latinoamericana por la Universidad de Wisconsin-Madison con especialización en culturas visuales, género y sexualidades, y estudios de la discapacidad.

# La casa es negra
RUTH LLANA

Entro en la oscuridad, la noche fulminada por luces fosforescentes. Entro después del movimiento repentino, de la convulsión de los oscuros cuerpos sin sintaxis. Entro sin sintaxis. Sin puerta ni dintel ni entrepaño ni imposta ni renvalso: los cuerpos se convierten en repetición y continuidad.

Después de su situación intermedia entre la entrega y el detenimiento, todos los cuerpos negros quedan resituados en un espacio no concreto; todos los cuerpos negros son cuerpos negros. Todos esos cuerpos que son cuerpos negros no refieren réplica ni señal, y, sin embargo, hay quien camina por ellos como superficie negada, como materia oscura.

Camino por la casa a tientas; camino por la casa sin sintaxis. Todo ese espacio puede ser recorrido; los cuerpos van dejando su marca oscura, van dejando sus pistas. Otra parte entra en la casa y acecha para deslumbrar a quien la habita. Esa parte alumbra los cuerpos negros las memorias oscuras.

Si me incorporo puedo medir el espacio de lo terrible. Si tengo los ojos abiertos o cerrados no perturba diferencia no implementa discontinuidad o interrupción. Si camino a tientas creo poder sentir las llamas oscuras, el calor de los cuerpos apartados, la situación de la casa en el espacio. El dintel de una puerta contra el hombro o la espalda alumbra los límites de un espacio que son los límites de un cuerpo, el lugar de su ruptura, la posibilidad de la incomunicación, la aparición de la sintaxis en la dimensión negra de un ojo o en la sensación táctil de la tibieza.

Si creo que puedo sentir el calor de una casa a oscuras, la casa a la que no pertenezco, la casa que me expulsa de su color, de su holgura; si creo que me acoge en la medida de su extensión, en la dimensión de su volumen, en la respuesta a su capacidad: puedo creerlo todo, puedo comprenderlo todo, puedo sostenerlo todo.

YOLANDA NIEVES (Chicago, EE. UU./ Puerto Rico, 1960)

Nacida y criada en el vecindario de Humboldt Park, se identifica como una puertorriqueña de segunda generación y es una académica, activista, poeta, dramaturga, directora y educadora. Es autora de dos libros de poesía publicados por Plain View Press: *Dove Over Clouds* (2007) y *The Spoken Body* (2010). Su investigación y poesía se centran en las narrativas de las mujeres latinas, sobre su historia en Humboldt Park. Sus proyectos activistas han incluido la capacitación de maestros en Costa Rica, Guatemala y Puerto Rico, así como en el Encuentro de Hombres y Mujeres de la Nación Hopi en Arizona. Ha sido publicada en *Journal of Latina Critical Feminism, Edges and Borders* y *Wherever I'm At: An Anthology of Chicago Poetry*, así como por After Hours Press. Recibió el Premio a la Mejor Tesis de Investigación Basada en Artes de la Asociación Americana de Investigación Educativa en 2010 y el Premio Mujer del Año de la Conferencia Nacional de Mujeres Puertorriqueñas en 2012.

## Lavando el pelo de mi madre por primera vez
YOLANDA NIEVES

Si el tiempo importa, es en el duelo
las palomas cantan un himno
una peregrinación en la lengua
de agua que sale de un grifo
en profunda
soledad

dos mujeres mi madre y yo
conectadas por un cordón umbilical invisible
en el fregadero del sótano
lavo el pelo de mi madre.

Mis dedos barren su cuero cabelludo
este es el primer momento
que froto los hilos de su cabello con jabón
aplanando las ondulaciones con mis palmas

algunas raíces del cabello todavía firmes
tramos de su vida estirándose
en mis manos y
agua.

No puedo recordar cómo ella
me enjuagó el pelo. ¿Lo habrá tirado con fuerza?
¿O si se tomó su tiempo arrullándome
hasta el arrepentimiento?

Mis rizos ya no
caen sobre mis hombros
ya no somos lo que éramos.
Ella me necesita de otras maneras
ahora
le levanto el pelo con mis manos
una taza.

## Roger Santiváñez (Piura, Perú, 1956)
Ganador del IV Premio de Poesía Juana Goergen, 2023

Nació en la costa norte del Perú. Es doctor en poesía latinoamericana por Temple University. Su obra poética está reunida en *Comunión de los santos* (2023). Recientemente publicó *Ravenhill* (2024) y *Misterios gozosos* (2024). Ha trabajado en diversas instituciones en Estados Unidos, como Princeton University, Bennington College, Drexel University, Saint Joseph's University. Bajo el sello de Penguin Random House, ha publicado su libro *Camarada bailarina. Memorias de una generación derrotada* (2024). Vive a las orillas del río Cooper, en el sur de New Jersey, íntegramente dedicado a la contemplación, a la escritura y al estudio de los lenguajes de la poesía.

# Gardesana
ROGER SANTIVÁÑEZ

**1**
Gardesana sonríe la noche desnuda
En la manzana corriendo las ligas desasidas
Por las calles con pastos luminados

Su cintura & la canción más el sol
Sabían esa luz ponerse en calma

Alegre la tristeza cimbra la
Dulzura con aires religiosos
& al canto deslíe sus fanales

Silenciosa entre el viento se cambia
El corazón le sube flores redivivas
Por mūsica & fraseo vuelve a creer

En notable recuerdo del deseo
Quizá es rápida la luz de su
Parque permitiendo la caída

De la tarde apura el sueño &
Su amor se recupera / caras envueltas
Por exquisita soledad el tiempo

Esconde el amanecer que cura
Abriga riqueza o angustia porción
Estática piel avanzada por planicies

perfectas en un nimbus exhalación
De los ritmos dormidos moviéndose

Subes en mis venas por el
Mástil que deseas recordar
Ahora respirando en el dibujo

De la presa querida son canciones
Nítidas cuyos tonos se alargan in
finitos en tu nocturna cabellera

2
Alfeñiques cometidos para oir
Su sonido entreverado afirma
Levante de tu reino en un

Recinto desmedido reuniendo
Los suspiros & dulzura del amor

Hoy recurro a poseídas situaciones
Donde tū cuidabas los papeles escritos
por la inercia de nichos congelados

Fuegos igual al mar azul
Atardeceres & sueños &
Resaltada azūcar una finura

Solitarios periplos
Luminiscentes brazos mórbidos
Adquieren el sonido redoble de
Su batería almanaques donde
Las estrellas declaran su fervor

De frutas tan lozanas

Floresta suave escucha la fresca
Sinuosa concha de confite en
La ventana & en la cama

Allí sacude el ave su excitado plumaje

Ella es la doncella cuyas olas
Son marinas prisión del corazón

Cintas en ofertorio se recrean
& sueñan con volver a tocar
Sus pudendas partes palomas

Viven el vaivén engastado
En oro puro & renacen con
El polvo sagrado muchacha que

Habla & escribe los estambres
Brotados del clamor ritos feraces
secretos en el sosiego de la noche

3
La luz que su sombra reconoce
Afina tu silencio suma & siente
Tibieza de tu orilla calatita

Riza tus cabellos en una risa
La cascada mecida por los
Aires citadinos surtiendo con

Flores de colores el alféizar
Donde apoyas tus caderas

Gardesana los paisajes de tu
Cuerpo se me vienen son po
sibles ansiados recordados

Lamidas rutas internas soleado
& escondido cisne de tu cuello
Bodegón perfecto marco blanco

Derrocha belleza que no olvido
Armas endulzadas acercan arre
cifes tornamesa transforma

El sonido de tu cuerpo está
Poesía costado de la divina
Mūsica mudas Gardesana

En la canción que aquí te toco.

Efe Rosario (Carolina, Puerto Rico, 1990)
Finalista del IV Premio de Poesía Juana Goergen, 2023

Es autor de *El tiempo ha sido terrible con nosotros* (2020) y *También mueren los lugares donde fuimos felices* (2020, I Premio Internacional de Poesía Juan Ramón Jiménez de Coral Gables). Algunos de sus textos han aparecido en periódicos, antologías y revistas de Puerto Rico, México, Perú, Venezuela, Estados Unidos y España. Estudió un bachillerato en Estudios Hispánicos en la Universidad de Puerto Rico, Recinto de Río Piedras, y completó su doctorado en Literatura Latinoamericana en la Universidad de Cornell, en Nueva York, Estados Unidos. Realizó su disertación doctoral sobre memoria, paranoia y escritura personal. Es docente-investigador en Spelman College, en Georgia, Estados Unidos.

# Para hablar del tropiezo
### Efe Rosario

Como un aciago canto
escucho a un mismo perro
en una misma ciudad.

Antes fueron las edades
en las que hablaba con mi voz
y nadie sufría sus años.

No entiendo el brillo del mundo
ni el árbol temeroso
que no puja el fruto.

¿Cómo entra una virtud
en una miasma?

Está uno
entre el escándalo
y fuera del pensamiento,
fumando espectros de cigarros
por no sucumbir
al hábito salvaje.

**C. A. CAMPOS** (Santiago, República Dominicana, 1973)
Finalista del IV Premio de Poesía Juana Goergen, 2023

es alérgico a las mayúsculas. nació luis tomás martínez de la cruz en santiago, república dominicana. desde 1984 reside en estados unidos, donde estudió filosofía y ciencia política en la universidad de la ciudad de nueva york, hunter college. su poesía se ha publicado en canadá, méxico, venezuela, perú, argentina, españa y estados unidos. es el autor del poemario *oficina de objetos perdidos* (2022) y su poema "al oído" obtuvo el segundo lugar del primer certamen internacional toledano "casco histórico". contribuye regularmente al proyecto internacional e internáutico *letras y poesía*. reside en montclair, nueva jersey.

# pasado perfecto
C. A. CAMPOS

éramos cuatro y compartíamos cuarto.
luego llegó el quinto y tuvimos que hacerle cupo.
los dedos de la mano: cuatro varones y una hembra.
y tuvimos que cambiar de lengua
como quien cambia de dieta, medicamentos,
de canción para no llorar,
teniendo que aprender otra forma
de ver por la ventana, de abrir y cerrar los ojos y la puerta,
teniendo que olvidarnos del sol y de la tierra
y reaprender a jugar,
a caer sobre el cemento, resbalar sobre el hielo.

en el otro, prohibido para nosotros, nuestra madre y padre.
pero luego se fue él con otra
y quedó ella sin poder gritarlo, sin poder largarse,
forzada a sonreír.
nos quedó ella y quedamos nosotros:
ella en su cuarto y nosotros en el nuestro—
despertándose cada cual a su modo del sueño americano.

# Lazos, 2024

Lazos. Palabras anudando sentidos. Enhebrando caminos. Lazos resistiendo vacíos. Hilando. Destejiendo olvidos.

DePaul University & Contratiempo
presentan

**2024**

# Poe
# lazos
# A

#PoesiaEnAbril

POESÍA en abril

DePaul University · Institut Ramon Llull, Barcelona · contratiempo · CO-PROSPERITY · Ilinois Humanities · POETRY · NALAC

## ABRIL

PoesiaEnAbril.org

**Del jueves 18 al domingo 21**
**Poetas** Nancy Morejón (Cuba) ¶ Aurora Luque (España) ¶ María Auxilladora Álvarez (Venezuela) — José Ernesto Hernández (Puerto Rico) ¶ Camila Urioste (Bolivia) ¶ Marina Perezagua (España) — José Antonio Villarán (Perú) ¶ Marta Collazo (Puerto Rico-Chicago) ¶ Angélica Dávila (México) — Miguel Méndez Arbizu (México) ¶ José Bono Rovirosa (México-Chicago)
**Música** Vivian Garcia (Chicago) ¶ AlgoRitmo (Chicago)

**Dos mil venti cuatro**

**Chicago, Illinois**

## Nancy Morejón (La Habana, Cuba, 1944)
Homenajeada, 2024

Es poeta, traductora, crítica y ensayista. Se graduó con honores de la Universidad de La Habana, donde estudió literatura caribeña y francesa. Su poesía ha sido traducida al inglés, alemán, francés, portugués, gallego, ruso, macedonio y otros idiomas, y está incluida en la antología de 1992 *Daughters of Africa*, editada por Margaret Busby. Dirigió la revista *Unión*, de la Unión de Escritores y Artistas de Cuba (UNEAC). Ha producido una variedad de obras periodísticas, críticas y dramáticas. Una de las más destacadas es su libro sobre el poeta Nicolás Guillén. En 1982 recibió el Premio de la Crítica en Cuba por *Piedra pulida*, y en 2001 ganó el Premio Nacional de Literatura de Cuba. Ha dictado conferencias en universidades en Estados Unidos y ha enseñado en Wellesley College y la Universidad de Missouri. En 2005, se publicó en Madrid una colección de sus poemas titulada *Richard trajo su flauta y otros poemas*. Su obra explora una variedad de temas, como la mitología de la nación cubana y la relación de las personas negras de Cuba dentro de esa nación. A menudo adopta una postura integracionista en la que las culturas española y africana se fusionan para formar la identidad cubana. Además, describe la situación de las mujeres dentro de su sociedad, expresando preocupación por la experiencia femenina y la igualdad racial dentro de la Revolución cubana. Frecuentemente, las mujeres negras son protagonistas de sus poemas, especialmente en el ampliamente antologado "Mujer negra". En 2023, el Instituto Cervantes honró su poesía, incluyendo su obra en los archivos de la Caja de las Letras.

# Niña saliendo de Guinea
NANCY MOREJÓN

> Cambiábamos de país, como de zapatos.
> BERTOLT BRECHT

Tengo ocho años.
Nací en Guinea, como mis padres.
Me quedé dormida esperando el avión
y nunca más los volví a ver.
Íbamos rumbo a Nueva York
sin pasar por Tierra-Firme,
sin cruzar el Tapón del Darién,
sin caminar sobre las aguas del Río Bravo.

Me quedé dormida y, cuando desperté, ya mis padres no
    estaban.

Vi luces de neón y recorrí todas las salidas del aeropuerto.

Tuve hambre por la mañana en la puerta 7.
Tuve hambre por la tarde en la puerta D36.
Tuve hambre por la noche en la puerta C22.
Tenía hambre y sed. Y mi

Al lado, vendían quesos envueltos con jamón del diablo.
Comí dos.

Al otro lado, había una tienda donde vendían
*tennis* y *jackets* perfumados.

Sin darme cuenta, reposé en los asientos muchas horas. Dormí como un lirón.

Me quedé dormida... sin saberlo.
Me despertó un señor vestido de uniforme:
"—¿Dónde están mi papá y mi mamá?
Pensé que usted vendría a darme noticias".
"—¿Dónde están papá y mamá?", le volví a preguntar, casi rendida.

Tengo ocho años y nací en Guinea.

## Aurora Luque (Almería, España, 1962)
Homenajeada, 2024

Es poeta, traductora y doctora en filología clásica. En 2023 Acantilado publicó su poesía reunida: *Las sirenas de abajo (1982-2022)*, que compila sus libros desde *Problemas de doblaje* (1990, Accésit Adonáis) hasta *Gavieras* (Premio Loewe en 2019) y *Un número finito de veranos* (Premio Nacional de Poesía en 2022). Ha traducido obras como *Aquel vivir del mar. El mar en la poesía griega* (2015), *Los dados de Eros. Antología de poesía erótica griega* (2000), *If not, Winter*, de Anne Carson (2019), *Grecorromanas. Lírica superviviente* (2020), *Safo. Poemas y testimonios* (2020) y la novela *After Sappho*, de Selby W. Schwartz (2023). En 2021, se reeditó su poesía amorosa en Carpe Amorem. En 2024 aparecieron tres antologías de su obra: los poemas de viaje *Aunque arda la piel* en la colección La Edad del Agua, de Iznájar; *Nadar en una misma. Autorretratos 1990-2023*, en la colección Papeles del Náufrago, de Almería; y *Desolvidar*, en la colección reVersos, de la Universidad de Barcelona.

# Variación sobre un tema muy antiguo
AURORA LUQUE

Muerta quisiera estar cuando ya no me importen
el sabor de los vinos conversados, la lasitud que sigue
al fervor de un abrazo, las diferentes túnicas azules
que va estrenando el mar;
cuando deje de amar a las palabras
como esas diminutas criaturas sorprendentes
y danzantes que son;
cuando olvide los dones de una risa
filósofa y bufona
o el olor de una higuera goteante de mieles;
cuando se hayan gastado las ganas de pisar
las olas del verano.
Cuando pierda memorias y deje de saber
que eran fardos envueltos de un tesoro.

El antiguo decía que los dioses
hicieron la vejez así de dura.
Muerta quisiera estar
cuando ya no me importen estas cosas.

## Angélica Julia Dávila (México/ EE. UU, 1990)

Es escritora y comediante. Escribe ficción, poesía, ensayos y comedia de sketch. Es candidata al doctorado en el programa para escritores de la Universidad de Illinois en Chicago. Su obra literaria ha sido publicada en varias revistas y su libro de poesía, *Bilingual Bitch*, acaba de salir publicado por Abode Press (2025). Su escritura explora la identidad bilingüe y la autoexpresión autista. Ha participado en Poesía en Abril, festival internacional de poesía en español en Chicago, y en ECOS: A Chicago Latine Poetry Festival.

# El autobús
ANGÉLICA JULIA DÁVILA

*Para Julia Carrillo*

En el antes, Abue y yo nos subíamos al autobús del CTA
viajábamos juntas por todo Chicago, durante los años
    noventa.

Estos eran los días que se sentían infinitos
porque la mortalidad no restringe a la niñez.

Estos eran los días cuando mamá trabajaba en el McDonald's
    del aeropuerto
y me sorprendía con Hot Wheels y Beanie Babies;

Estos eran los días cuando los tíos,
andaban de traileros por toda la ciudad
y partes del Medio Oeste.

Ellos trabajaban por mientras que Abue y yo
éramos libres para tomar el autobús—dentro de los límites
    de la ciudad y a veces
viajando hasta los suburbios de Cicero y Berwyn, parando
en North Riverside Mall
donde nos comparábamos una Coca
para el dolor de cabeza.

Eso era en el antes, ahora
a los noventa y dos años, Abue a veces mezcla todas sus
    vidas,

pues tantas vidas vividas en noventa y dos años,
los detalles a veces se le borran.

Pero aun, Abue recordaba el antes
entre ella y yo—nuestros viajes en el autobús del CTA.

Los viajes que hacíamos por mientras que mamá trabajaba
en el McDonald's del aeropuerto y cuando
los tíos, andaban de traileros por toda la ciudad y partes del
    Medio Oeste,
éramos jóvenes.

Hoy, a veces, Abue sostiene mi mano desde su cama,
los días del autobús reemplazados con viajes de su recamara
a la cocina y para atrás, tiene mi mano en su mano y dice,

"Éramos solo las dos en el bus.
                ¿Te recuerdas?".

Cada vez detiene mi mano unos segundos más
y más, y más, y de nuevo el tiempo se siente
infinito, restos de la niñez.

Y siento un dolor dentro de mí,
pensando que esta vez puede ser
la última vez que pueda sentir su mano.

Un día será la última vez, y que
tan solo se sentirá el autobús.

## Camila Urioste (La Paz, Bolivia, 1980)

Es escritora boliviana-uruguaya. En 2005 ganó el Premio Nacional de Poesía Yolanda Bedregal con *Diario de Alicia*. En 2014 publicó su segundo libro de poemas, *Caracol*, por Plural Editores. En 2017 ganó el Premio Nacional de Novela por el libro *Soundtrack*. Es coguionista de la miniserie *La entrega* (2019) y del largometraje *Muralla*, que ganó el Premio Argentores al Mejor Guion Cinematográfico en el Festival Internacional de Cine de Jujuy. Graduada de la Maestría en Escritura Creativa en Español de la Universidad de Iowa, estudia en el programa de Maestría en el Iowa Writers' Workshop.

## 3.
### Camila Urioste

Se recuerda sentado al lado de su madre
inclinada sobre la máquina de coser
recuerda que coser es escuchar
las fibras que se rozan provocando
transparentes incendios diminutos
oír las agujas hundirse
el motor de la máquina cantar
puntada    pliegue    piel    tela
el tiempo es un textil    *sostén acá*
hilo fantasma
corte y parche y confección de un cuerpo
punto corrido  punto trasero  punto hilvanado  punto de cruz
el interior sobrehilado        *pásame las tijeras*

Se recuerda sentado
al lado de su abuela
madre de su madre
cortando las mejores sábanas en tiras
al grito de    *Hay bolina*
la Bulún, la abuela Bulún los convoca
los nietos y las nietas se arman de tijeras
los hijos salen a recoger heridos punto de cruz colectivo
de un bando u otro bando   no se fijan
esquivando disparos    explosiones
tienden los heridos en la alfombra
y la Bulún los remienda con las sábanas buenas

Se recuerda sentado al lado de su madre
deshilando la seda
corbatas descosidas
sus pieles largas convertidas en carteras
en pantallas de lámparas y monederos
costura superpuesta    *pon tu dedo aquí*
dedal   alfiler   gaza
deshilachados bordes
punto raso   punto de ojal   punto puente
canasta de retazos

Este *quilt* es un cuerpo    *¿enhébrame la aguja?*
criatura de perfectas cicatrices
punto zigzag
piel de algodón terso
cuerpo blando   dobladillo invisible
paisaje de pedazos
mapa donde el nudo
señala el tesoro

Recuerda la historia que le contaba su madre
la Bulún la despierta de madrugada
días antes de su boda   *ven conmigo*
toman las sábanas de su ajuar de novia
blancas     algodón fino   las iniciales bordadas
*punto de doble acción*
caminan a la plaza principal   *qué frío*
se abren paso entre la turba
y el humo
siguen el hilo de sangre
para envolver el cuerpo del presidente

punto de nudo
azul ahorcado

José Antonio Villarán (Lima, Perú, 1979)

Ha publicado tres libros de poemas: *la distancia es siempre la misma* (2006), *el cerrajero* (2012) y *open pit* (2022); así como un libro de traducciones, *Album of Fences* (2018). También es creador del proyecto AMLT. Una edición en español de *open pit* se publicó en 2023 por el AUB. Es máster en Escritura Creativa por la Universidad de California en San Diego, y doctor en Literatura (Concentración Creativa/Crítica) por la Universidad de California en Santa Cruz. Su trabajo literario ha sido publicado en múltiples revistas nacionales e internacionales. Enseña escritura creativa en Illinois State University.

# la infraestructura original de los campos de batalla del futuro
José Antonio Villarán

para sostener la fortaleza   cuerpos metabólicos en constante movimiento fluido amniótico atraviesa las fosas nasales   pulsaciones desplazamiento corpóreo sin estructura campos de lixiviación tendidos en patrones geométricos interminables montañas fracturadas una red de arterias hinchadas   músculos estirándose   la falta de fósforo   un laberinto de tejido embrionario   la infraestructura original de los campos de batalla del futuro

de nuevo

instrucciones para sostener la fortaleza:
agita el número suficiente de cuerpos metabólicos
desprendidos en constante movimiento
cuenta cada objeto que llega justo a tiempo
sobre una faja transportadora interminable

¿ser más específico es ser más subversivo?

más efectivo   no-económico

una red de arterias hinchadas
relaves que bombean mercurio en los reservorios
una sed insaciable de velocidad

recuerda esto
o por lo menos
extraer

instrucciones
este
mundo
más allá del futuro
dentro de la vorágine

    ¿cómo?

        le gusta mirar paredes

    de nuevo

para sustraer la flora reza   cuerpos metabólicos y tungsteno en pociones fluido amniótico navega tus fosas nasales    el ritmo gesta pulsaciones desplazamiento corpóreo  cine escritura canciones de aviación rendidas entre eslabones geométricos incuestionables   la espalda es monstruosa   un rastro de fisuras tectónicas   jurídico con muletas expuestas

    ¿cómo sonaría esto en inglés?

- ❋ -

Jóse Bono Rovirosa (Chicago, EE. UU./ México, 1960)

Es oriundo de Blue Island, Illinois. Hijo de padres inmigrantes (padre cubano, madre mexicana), se crió en la Ciudad de México entre 1969-1979 y regresó a Chicago en octubre de 1979. Escribir ha sido el trabajo fijo de toda su vida, y la constante que ha mantenido su sensatez. Escribe su poesía para ser recitada en voz alta, ante un público, en inglés y español. En octubre de 2024 publicó su poemario *Poemas de frente y al revés* con Manzana Editorial. Reside con su esposa e hijo en Brookfield y es docente de ESL (English as a Second Language) de educación media en Lyons, Illinois.

# Amerikkka
JÓSE BONO ROVIROSA

Desde el umbral de la puerta
se asoma la muerte,
llora la pobre porque viene esta vez por críos
asesinados por un demente
con una ametralladora de guerra,
fácil al alcance del público
aquí, en los Estados Unidos de
Amerikkka.

Hoy su guadaña de plata
se entinta de sangre,
viscosa, pegajosa, hiriente.

Por mucho que limpien
las paredes, los pisos, los pupitres
la mancha
perdura
se arraiga lastimosamente.

Por los pasillos, las aulas, el gimnasio, la cafetería
divagan los fantasmas de los críos,
los docentes, conserjes, secretarias, administradores
rugen su llanto
deambulando eternamente
y nosotros,
padres, madres,
esposas, maridos

hermanos y hermanas,
primos,
tías y tíos,
abuelos y abuelas,
amigos y vecinos;
en este día,
quedamos petrificados
con el horror, sin consuelo,
enloquecidos por este hecho
de vivir en el sueño americano.

José Ernesto Hernández (Río Piedras, Puerto Rico, 1981)

Es poeta y padre. Autodidacta por vocación, ha representado a Puerto Rico en diversos festivales internacionales, destacándose en ciudades como La Habana, Nueva York y recientemente en El Salvador. Su obra incluye varios poemarios, entre ellos *Ninguna patria bajo los pies* y su primer libro infantil, *Caballito de palo*. Su compromiso con la poesía va más allá de la publicación, pues dedica parte de su tiempo a impartir talleres en escuelas y colegios de Puerto Rico, para fomentar la escritura y el amor por la literatura en las nuevas generaciones. Además, es creador del canal de YouTube *Poesía en el carro*, donde difunde tanto poesía contemporánea como clásica, acercando el género a un público más amplio. Su trayectoria y pasión por la palabra lo han convertido en una de las voces relevantes de la poesía puertorriqueña actual.

# Soy Fátima
## José Ernesto Hernández

¿Quién apagó las luces de las estrellas?
No logro ver nada,
todo está oscuro a pesar del sol.
¿Pero qué hago aquí?
En casa me espera mi mamita
y algunos dulces que olvidé comer a escondidas.
Quiero que me regresen,
todavía no he conocido la playa
ni cuánto mar cabe en mis manos.
Que me devuelvan a mi papá,
él debe estar sentado en mi cama
con los cuentos para dormir a la luna en sus manos.

No sé cómo llegué hasta este dolor
que me atraviesa el pecho
y se anida en mi espalda.
Alguien que le diga a mamita
que hoy no llegaré hasta sus ojos
que me arrancaron el futuro de una estocada.
Díganle a papito que debajo de mi almohada
está el beso que me dejó las otras noches
que lo recoja y lo guarde dentro de sus ojos.
Pero ¿quién cegó los colores de mis crayones?

Algo como el dolor del universo
se agolpa entre mis piernitas.
Quiero regresar a mi casa de muñecas,

a los días de pastel y piñata.
Ansío volver a la hora de la televisión y las risas.
¿Pero quién apagó las luces de las estrellas?

Alguien que les diga a mis hermanos
que me esperen a la hora de la merienda.
Díganle a mi papá que no me he ido,
que estoy en la mirada del colibrí
y que un concierto de mariposas
cantan en mi boca rota el nombre de mamá.

María Auxiliadora Álvarez (Caracas, Venezuela, 1956)

Cursó la maestría y el doctorado en Literatura en University of Illinois at Urbana-Champaign y es catedrática emérita en Miami University, Ohio. Ha publicado *Mis pies en el origen* (1978), *Cuerpo* (1985), *Ca(z)a* (1991), *Inmóvil* (1996), *El eterno aprendiz/ Resplandor* (2006), *Lugar de pasaje* (2009), *Las nadas y las noches* (2009), *Paréntesis del estupor* (2011), *Experiencia y expresión de lo inefable. La poesía de san Juan de la Cruz* (2013), *Piedra en :U* (2016), *De la antigua mística a la escritura urbana* (2017), *El amor de los enfermos (Tríptico de Ca(z)a, Páramo solo, Las regiones del frío)* (2018), *Un día más de lo invisible* (2019) y *La mañana imaginada. Antología 2021-1978* (2021).

# 30
## María Auxiliadora Álvarez

el pensamiento quiere estar solo

sus animales juegan
                       como si la belleza
                       escogiera sus instantes

la humareda del cráter
se eleva en columnas
(...)
el hervor de la lava
desconoce su propio resplandor

Lo mirado no espera ser mirado
entiende la pausa
                       la cólera
                       la muerte
y dice:
no pasa nada
(gesticulando)

## Marina Perezagua (Sevilla, España, 1978)

Es licenciada en Historia del Arte por la Universidad de Sevilla. Impartió clases de lengua, literatura, historia y cine hispanoamericanos en la Universidad Estatal de Nueva York, donde cursó su doctorado en Filología Hispánica. Tras vivir una larga temporada en Francia y trabajar en el Instituto Cervantes de Lyon, regresó a Nueva York, donde impartió clases de escritura creativa en New York University como Distinguished Writer in Residence. Es autora de las colecciones de cuentos *Criaturas abisales* y *Leche*. Tras los dos primeros libros de relatos, ha publicado cuatro novelas: por Anagrama, *Yoro*, *Don Quijote de Manhattan* y *Seis formas de morir en Texas*; por Pre-Textos, *La playa*; y por Espasa, *Nana de la Medusa*. Sus textos han aparecido en diversas antologías y revistas literarias, tales como *Granta*, *Jot Down*, *Carátula*, *Cuadernos Hispanoamericanos*, *Sibila*, *Ñ*, *Quimera*, *Renacimiento*, *Letras Libres*, *Anfibia*. Ha sido traducida en nueve idiomas y su novela *Yoro* fue galardonada con el Premio Sor Juana Inés de la Cruz en 2016. Es colaboradora habitual en *El País*.

# Tres lunas después
MARINA PEREZAGUA

El primer día que nos conocimos
le pedí un hijo.
Esa noche se corrió fuera
y todas las noches siguientes
durante tres meses.
Cuando notaba que ya estaba cerca
se apresuraba a retirarse,
apurado,
casi demasiado pronto,
demasiado precavido para mi gusto,
que aún le consideraba más como procreador
que como hombre.
Si en ese momento yo estaba encima,
me agarraba de la cintura con sus manos extremadamente
    fuertes
y me levantaba y me retiraba y me soltaba donde cayera,
no fecundada.
Casi diría que en esos momentos le odiaba,
le odiaba como excepción,
aunque el amor no era la regla,
aún no podía amar a aquel extraño.
Me quedaba mirando cómo terminaba él solo,
me sentía desperdiciada,
los escasos segundos que transcurrían
entre el momento de la retirada
y el momento en que el semen comenzaba a salir
me parecían una ofensa,

en mi cabeza de pre-madre no cabía la posibilidad
de que él no compartiera ese deseo.
Cuando me masturbaba a solas,
fantaseaba con que tres o cuatro hombres
se disputaban a la vez mis óvulos
y me venían destellos de mis adentros,
un amasijo de células formándose,
y esa breve imagen era suficiente para correrme
en un momento, eyaculadora precoz de mí misma.
A los días me venía el periodo
puntual, brillante, flotando en el agua del retrete
como una constelación viscosa que se burlaba de mí.
Así durante tres lunas.
Un día él mismo empezó a cogerme a todas horas,
su mirada cambió,
resultaba incisivo, exacto,
me llenaba como si quisiera recuperar los óvulos perdidos,
y cuando se corría se quedaba ahí un rato,
ya no había semen que limpiar.
Por aquel entonces (y era pronto)
ya nos amábamos.
Hoy, con nuestra hija mamando,
hay veces en que le aparto
como él me apartaba a mí,
me molesta un poco,
estamos nuestra hija y yo, a solas,
no sé por qué tiene que venir en este momento,
mi leche es para ella,
mis pezones son más para ella que para él.
Entonces veo cómo él mismo se aparta
y me observa,
en sus ojos hay un brillo con trazos de ese odio que yo sentía

cuando me retiraba de su semen,
y me pregunto qué es eso que quiere,
qué es eso que yo le estoy quitando
y si alguna vez podré dárselo.

Marta Collazo (Chicago, EE. UU./ Puerto Rico, 1955)

Es una poeta afrolatina que ha explorado cómo las construcciones heteronormativas, la cultura, el género, la espiritualidad, la monogamia, la agencia corporal, la culpa y la vergüenza desempeñan un papel en la opresión de los individuos. Desde 2017 ha enseñado la técnica de meditación con los ojos abiertos; es partidaria de múltiples prácticas artísticas de bienestar espiritual y emocional. Sus raíces en Estados Unidos comienzan en Lorain, Ohio, como resultado de una gran migración desde Puerto Rico en la década de 1940. Considera a Chicago su hogar, donde reside desde 1969. Sus poemas han sido publicados en revistas y antologías como *Between the Heart and the Land / Entre el corazón y la tierra: Latina Poets in the Midwest* (2001), *contratiempo* y *Poesía en Abril* (2024) y *Diálogo: An Interdisciplinary Studies Journal* (2024).

# bañar un hombre negro
## Marta Collazo

bañar un hombre negro
es como bañar La Virgen Guadalupe
de las Más trigueñas

el papá de mis hijos
está despidiéndose
Pregunta de qué Se Trata La Vida

su cuerpo
a pesar
ochenta y tantos años
Huele a Coco
Seda
No Puedo dejar
Este Río de Lágrimas..........

cuando lo baño
hay Música de Brazil
El Caribe
Clásica
Y Sí. The Blues

Un Trago
de Armagnac
McCallan
De lo Que se Antoje

Creo que Cuando nos conocimos
Hambre y Soledad
Nos Sirvió como Espejo

Eutanasia
para un Animal
es Tener Compasión
Pero pa Nosotros que Hemos Terminado
Para Nosotros que Hemos Terminado............

Bañar un Hombre Negro
Empieza con los Pies
En Particular Porque ya
le Faltan dedos .....

No sé
si Respiro Hondo

Orar
O Reír
Un Atento Enterrar
una Amistad que Incluye
Toda la Condición Humana

La técnica de Bañar se Hace
En Tres Partes
Agua y Sal
Guantes de baño
limpias pies Primero
Cara
Cabello
Enjuague con una Lanzadora Enorme

de Agua Caliente
Desagüe
Dos
Repite este Proceso
Desagüe

El Último
Enjuague con Agua caliente
y un Masaje de Coco

Bañar un Hombre Negro
Alto
Fuerte
Frágil
Curioso
Chistoso
Cómico
Cansado
Que diario Pregunta
"Qué Hago"
"De Qué Se Trata la Vida"
"Qué me Falta"
"¿Cuál es el Mensaje?"

Bañar un Hombre
Negro
Es Como Bañar La Virgen Guadalupe
En Su Último Trimestre
De La Vida
Y Muerte

Miguel M. Arbizu (El Paso, EE. UU./ Ciudad Juárez, México, 1991)

Es poeta y narrador. Reside en Chicago. Su libro *Los Terregales*, publicado por El BeiSmAn Press en 2023, incluye poemas y prosa sobre la vida en la frontera. Algunos de sus textos anteriores se encuentran en revistas literarias de Chicago, como *contratiempo* y *El BeiSmAn*. Se licenció por Northeastern Illinois University. Más tarde, obtuvo una maestría en Letras Hispánicas en Loyola University. Su interés académico es la investigación literaria de la escritura creativa de inmigrantes mexicanos.

# Canto al Cochiloco
##### Miguel M. Arbizu

>Cuando yo sea grande voy a ser Pancho Villa.

En mi casa no comíamos confleis
puro chachitos
no había feria.

Por las mañanas la casa olía
a echarle ganas
y por las tardes
a qué vamos a comer.

Ya más grande
quise ser cholo
no se pudo
no traía chingazos.

Mi madre me había enseñado
solo abrazar.

Pero cómo terminé en este desmadre,
pues la pinche hambre.

Mi compa Cochiloco me enseñó
a vender y a usar armas,
no importaba saber de chingazos
el gatillo hace todo.

Yo no quise ser jornalero

no le quise pedir nada al gringo
preferí venderle su propia destrucción.

Chingao no me estoy justificando
que al fin y al cabo pagaré con mi vida.

Ya viví el infierno aquí
qué más da terminar de pudrirme allá también.

Ojalá me escriban un corrido
donde cuenten que con mi primer pago
de sicario a los 15 años
me compré unos chococrispis,
un Max Steel,
un Nintendo 64
y el confleis del gallo.

ALEJANDRO PÉREZ-CORTÉS (Colima, México, 1974)
Ganador del V Premio de Poesía Juana Goergen, 2024

Egresado de la Universidad de Colima, ha recibido también una maestría en Español de la Universidad Estatal de Nuevo México. Sus poemas y cuentos han sido publicados en periódicos de su estado natal desde 1996. Sus primeros poemas en inglés se incluyeron en la antología *Soundings from the Salish Sea, A Pacific Northwest Poetry Anthology* (2018). Su manuscrito *Ima y Coli son el árbol que nunca fue semilla* ganó el Premio de Poesía Octavio Paz organizado por National Poetry Series y la Feria del Libro de Miami en el Miami Dade College (2021, edición bilingüe español-inglés). Su poema "Alejandra Pizarnik y sus 4 hermanas muñecas: Alfonsina, Sylvia, Antonieta Rivas y Virginia" ganó el V Premio de Poesía Juana Goergen en 2024. Enseña español en el estado de Washington.

# Alejandra Pizarnik y sus 4 hermanas muñecas: Alfonsina, Sylvia, Antonieta Rivas y Virginia

ALEJANDRO PÉREZ-CORTÉS

—Alejandra, háblanos de las muñecas de esa foto.
—Sí, yo estaba en la foto, y en esa foto no quise salir yo.
    Estaba allí, pero arranqué la parte donde estaba yo;
pero esas, en la foto, son las muñecas de la noche de la
    última navidad en que fui niña;
allí estaba yo
con las muñecas: la muñeca verde *Alfonsina*, la muñeca azul
    *Sylvia*,
la muñeca roja *Antonieta Rivas*, la muñeca rosa *Virginia*.
Después de la noche de la última navidad en que fui niña la
    muñeca verde *Alfonsina*, se arrancó los ojos, entonces
    se llamó apagada.
Después de la noche de la última navidad en que fui niña la
    muñeca azul *Sylvia*, se cortó la cabeza, entonces se
    llamó asustada.
Después de la noche de la última navidad en que fui niña
    la muñeca roja *Antonieta Rivas*, perdió las piernas,
    entonces se llamó atrapada.
Después de la noche de la última navidad en que fui niña la
    muñeca rosa *Virginia*, perdió los brazos, entonces se
    llamó burlada.
Allí no quise salir yo en esa foto. No tengo la parte donde
    salía yo en la foto.

La quemé. Solas quedaron las muñecas. La quemé cuando se
    acabó lo de ser niña.
No me preguntes. No quieres saberlo.

Del reverso de la foto de las muñecas Alejandra nos lee:
*declararía que esta mañana es el poema más lindo de mi vida si*
    *no fuera porque la mañana es una muñeca tuerta ¿cómo*
    *desvestirme de esta condición humana?*
*Me siento como el animal que ha sido librado del matadero*
*y condenado a ser feliz, pero otra vez, la mañana me guiña el ojo*
    *con esa mirada tuerta.*
*¿Por qué el corazón me mira de esta manera?*

Lo hace sin manos. Ella.
Cuando escribe se quita las manos. Tiene una colección de
    garras. Garras de tigre, de oso, de águila, de león.
    A ellas recurre cuando lápiz pastillas, cuando lápiz
    sobredosis.

Garras de tigre, de oso, de águila, de león.
El desgarre ese que sentimos en los ojos cuando leemos a
    Alejandra. Esto lo explica.

ÁLVARO HERNÁN LEIVA RAMÍREZ (Santiago de Chile, 1967)
Finalista del V Premio de Poesía Juana Goergen, 2024

Es poeta, escritor y docente. Ha publicado los libros de poemas *Bienvenido a bordo* (1990), *Exit Only* (2001), *Roquerío 68* (2008), *Ciudad Tropelía* (2009) e *Iwana. Collected Poems* (2014). Sus poemas también han aparecido en diversas revistas y antologías en Argentina, Chile, España, Estados Unidos y Venezuela. Es profesor visitante en Berry College en la ciudad de Rome, Georgia.

# No-visiones
Álvaro Hernán Leiva Ramírez

**I.   No-visiones** *Made in the USA*
Gran hermano, barba ceniza volcánica, nieve perpetua.
Esto es todo lo que puedo contarte. La velocidad del arte
 borra la matriz de mí.
Pobre confundido. Destierro. Encierro.
Amortiguación del amor en el colchón sacudido por el
 despertar.
Allí abajo están las calles repletas de cabezas negras con
 franjas rojas.
Han asaltado el capitolio.
Gran Walt, te escribo desde cerca. A solo unas cuadras de
 aquí, hay un boliche polaco.
Podemos tomarnos una sidra de manzana como en el sur de
 Chile.
Walt, no estés triste. América regresa después del *spot*
 publicitario.
Enviar la correspondencia a West Hills, Long Island, Nueva
 York.
Gran hermano.

**II.   No-visiones de mármol**
Gran Rubén, te mando un poema para que imagines que en
 tus tardes de ocio lees un poema mío,
que son muchas, las tardes, me refiero, en Valparaíso, Chile.
Posdata: tengo una copia de la primera edición de *Azul* que
 compré en La vega, Mercado de abastos.

Gran Rubén, ves las llamas consumiendo esa gran torre de mármol de carrara. ¿Las ves?
Gran Rubén, estoy desde hace meses encerrado.
Puedo dirigir estos versos a Aduana de Chile, Valparaíso, Chile.
Serán sanitizados por autoridades de salud y deberán contar con el pase de extrañamiento que dejaron las idas y venidas a este no-lugar.

### III.   No-visiones del desaparecer de los parques

Desde aquí sentado en la barca río abajo,
Me quito la astilla del ojo que no me deja ver.
Mujer de color tenue con triste mirada. Partiste de la cordillera
A la tierra azteca y de ahí no se te vio por estos arenales.
Illapel
Mole de piedra con incrustaciones de cielo cuarzo.
Las estrellas de Nueva York.
La primavera brota en el Central Park 2020.
Sigue la marcha humana del estallido.
Visité tu casita en Montegrande, no estabas, habías salido de viaje.
Las relaciones epistolares deben perdurar –a pesar de los años
Mi dirección postal es Hempstead, Nueva York.

### IV.   No-visiones del crematorio

> El mascarón. ¡Mirad el mascarón!
> ¡Cómo viene del África a New York!
> *Poeta en Nueva York*, FEDERICO GARCÍA LORCA

Federico ha atravesado este puente que cuelga en el aire
Acero más acero, fuego sin control. Carnicerías vacías de entrañas y músculos.

Centros de patinaje convertidos en campos de batalla
 romano.
Lienzos de piel negra, amarilla y roja. Cabellos recogidos.
 Mantas en el suelo.
Camping monumental del caos y la anarquía.
Letreros en el suelo, iluminación de la noche.
La noche se ilumina, buen amigo.
El poeta se pasea por Nueva York. La ciudad está tomada por
 los cuatro
Costados. La manzana se confita en su dulce lamento.
Domicilio eterno: F G Lorca. Residencia de estudiantes,
 Madrid, España.

## V.     No-visiones del sepulcro
Sigues acostada en ese sepulcro-lenguaje-vagabundo.
Nadie lee ni un carajo de poesía.
Eso sí, hay enamorados que te dejan flores.
Pero morir no fue tu única muerte.
Antes siempre hubo un viaje sin rumbo ni nombre.
Julia de Burgos, Harlem, New York.

# Amaneceres, 2025

Amaneceres. Palabras irrumpiendo la noche. Alumbrando futuros. Empezando de nuevo, cada día, con cada frase. Metáfora, oxímoron, símil; letras al alba, aurora prosodia, sol de mañana, levantando horizontes, silbando cantares.

## Yolanda Pantin (Caracas, Venezuela, 1954)
Homenajeada, 2025

Ha publicado los poemarios *Casa o lobo* (1981), *Correo del corazón* (1985), *La canción fría* (1989), *Poemas del escritor* (1989), *El cielo de París* (1989), *Los bajos sentimientos* (1993), *La quietud* (1998), *El hueso pélvico* (2002), *Poemas huérfanos* (2002), *La épica del padre* (2002), *País* (2007), *21 caballos* (2011), *Bellas ficciones* (2016), *Lo que hace el tiempo* (2017), *El dragón protegido* (2021) y *Un año y unos meses* (2022). En 2014 la editorial Pre-Textos publicó *País, poesía reunida 1981-2011*. En 1989 recibió en Caracas el Premio Fundarte de Poesía. Fue becaria de la Fundación Rockefeller en Bellagio Study Center. En 2004 recibió la Beca Guggenheim. Por el conjunto de su trabajo recibió en 2015, en Aguascalientes, México, el premio Poetas del Mundo Latino Víctor Sandoval, y, en 2017 en Madrid, España, obtuvo el XVII Premio Casa de América de Poesía Americana. En 2020 recibió en España el Premio Internacional de Poesía Ciudad de Granada Federico García Lorca.

# El mandato
## Yolanda Pantin

Mientras registraba en el escaparate,
escuchaba el mandato. Estaba
dentro de las cajas, en esas cosas
que los viejos guardan,
en papeles, en fotografías. Entonces
no podía entender lo que se me ordenaba
pero no te hubiese traicionado jamás.

Tú me escogiste para hablar por
nuestros muertos,
los que nacieron a destiempo, sin ánimo
para acusar los golpes.

En su desbarajuste,
ellos me recuerdan a los potrillos
que había en la hacienda, aquella exhalación
de pieles y estaturas,
tan hermosos, dentro del potrero, cuando

de un lado al otro, en sus carreras,

ya eran recuerdos.

## Carlos Cumpián (Texas, EE. UU., 1953)
Homenajeado, 2025

Es residente en Chicago. *Human Cicada* (2022) es su quinto libro de poesía; sus trabajos anteriores son *Coyote Sun, Armadillo Charm* y *14 Abriles*, así como también el libro para niños *Latino Rainbow: Poems About Latino Americans*. Ha sido reconocido con el Premio Gwendolyn Brooks Poeta Significante de Illinois y fue un finalista en la búsqueda del Poeta Laureado de Illinois en 2004. Su trabajo poético ha sido reseñado en el *Chicago Tribune* y *Los Angeles Times*, y en línea por la Asociación de Bibliotecas Americanas y por varias otras publicaciones. Su trayectoria como poeta está incluida en el *Diccionario de bibliografías literarias. Vol. 209*, en la sección de Escritores Chicanos (Gale Research). Su poesía ha aparecido en más de treinta antologías poéticas, incluyendo *Antología Norton Telling Stories*. Es cofundador de March Abrazo Press, la primera editorial chicana, nativo americana y latina en el estado de Illinois.

# Sol de Coyote
CARLOS CUMPIÁN

*para María Sabina*
*y Anne Waldman*

Reunidos en las piedras pisadas
de huaraches de Oaxaca,
hechas lisas por las suelas
de miles de creyentes —
nunca descansan en sus petates,
pero bailando el mitote ceremonial,
donde golpes inspirados saltan del tambor
y los hongos de lenguaje cantan
vía una sacerdotisa poeta-
María Sabina, hermana de dualidad.

Nosotros nunca cantamos en un temazcal,
nunca nos desnudamos hacia el
fuego en el temazcal mientras
el vapor subía desde
el ombligo del rayo
cargando bilis y mugre a
las entrañas del desierto.

Tu leías todo mientras escuchabas
el disco de Folkways,
y como una valiente sinvergüenza
tu realizaste nuestra santa voz
indígena para los otros.

Pero, dónde estaban los hongos de piel vital,

episodios de extasiar como la
palabra viva en oraciones pasadas
alrededor **iluminando la choza**
**con la luz de velas estrellitas.**

Te perdiste el aliento del pasto dulce de los niños
que hace el camino para el aguardiente caliente
tabaco y comida, regalos humildes para el ritual
donde un viejo armadillo miraba
el cielo Mazateca, esperando al
Sol de Coyote que engaña a la
noche que lo siga.

María Sabina en un huipil de flores
adornada con un tocado de
trenzas de plata, inflamado con las
medicinas y hierbas sagradas de Cristo.

María Sabina, la cual nosotros
hablamos de tan lejos de
tu pedrejón,

María Sabina, quien escuchó
la lengua jazmín del cielo,
levantó sus palmas a los santos
después aplaudió y silbó
como la verdadera que habla rápido,
la mujer de ojos psi,
la cual
conoce al Sol de Coyote.

## María Ángeles Pérez López (Valladolid, España, 1967)
Homenajeada, 2025

Es poeta y profesora de la Universidad de Salamanca, donde es titular de Literatura Hispanoamericana. Como poeta ha recibido varios premios. Destacan el Premio Nacional de la Crítica por *Incendio mineral* (2021) y los premios de la Fundación José Hierro y Meléndez Valdés por *Libro mediterráneo de los muertos* (2023). Su trayectoria ha sido reconocida en Lima con la Medalla Vicente Huidobro. Antologías de su obra han sido editadas en Caracas, Ciudad de México, Quito, Nueva York, Monterrey, Bogotá, Lima, Buenos Aires y Honduras. También, de modo bilingüe, en Italia y Portugal. Recientemente ha publicado el ensayo poético *La belleza de la materia*. Su libro *Carnalidad del frío* ha sido publicado bilingüe en Brasil y Estados Unidos, donde la edición de Nueva York Poetry Press recibió la Mención de Honor en International Latino Book Awards 2023.

## María Ángeles Pérez López

                #
La ligereza es uno de los modos del asombro.

Llueven átomos inquietísimos
                      hacia su dispersión
y mojan el festejo de la tarde.
Nos cubrirá tejido epitelial
como cubren las nubes el resplandor del mundo.
En el perímetro irregular de cada pie
con su extensa biografía
        de escalón
                y simiente,
se enreda el alfabeto

y lo desnuda.

            #
Entre el radio y el cúbito, la sintaxis del codo.
Su articulado modo de decir
    cuando
            en cada intersticio de las sílabas
se abre un solo cartílago
                revoltoso y vibrante
que atenúa los huesos
y los transforma en otra cosa:
desatada inmediatez de ser plumón,
estrella imprevisible

y oxígeno que enferma
	la llave de las jaulas.

ELIZABETH NARVÁEZ-LUNA (Guanajuato, México, 1968)

Es licenciada en Letras Españolas por la Universidad de Guanajuato, máster en Literatura Hispánica por la Universidad de Notre Dame (Indiana) y doctora en Español por la Universidad de Urbana-Champaign (Illinois). En el año 2000 sufrió un accidente cerebrovascular y desde entonces se ha dedicado a pulir su obra poética. Sus poemas forman parte de antologías como *Las avenidas del cielo: muestrario poético de Aguascalientes y Guanajuato* (2018), *Palabras migrantes: 10 ensayistas mexicanos de Chicago* (2018) y *Caracoleando* (2023). Prepara la recopilación de su obra (1989-2022), bajo el título *En vísperas del vuelo*. Vive en Chicago y forma parte de la vida cultural y del proyecto de talleres de poesía Caracoleando.

# Oda a la mitad de mi cuerpo
ELIZABETH NARVÁEZ-LUNA

Eres el ave que se negó a volar.
Ahora creces como hermosa arboración que se nutre
de mis ventrículos izquierdos

sumiso
guardas silencio frente a la vida,
no apresuras más el paso,
ni levantas el brazo a menos
que el derecho te ayude.
Así como no me canso de ver los tiernos brotes de la primavera
no me canso de verte y llenarme de asombro
frente a tu muda perfección.
Te pienso y te llevo con orgullo
por ser el sobreviviente
de esta tragedia
guerrero dormido,
en tu silencio
de más de 20 años,
no tienes prisa, no importa
te espero,
porque sé que un día despertarás
y pienso estar aquí para recibirte.

como a recién nacido volver a
enseñarte las sutilezas del
movimiento.

## Juana Iris Goergen (San Germán, Puerto Rico, 1967)

Es poeta y profesora. Ha publicado *La sal de las brujas* (1997, finalista del Premio Letras de Oro), *La piel a medias* (2003), *Las Ilusas/ Dreamers* (2008) y *Mar en los huesos* (2018). Su poesía aparece en varias antologías como *LatinUsa, Between the Heart and the Land* y *Tameme*. Ha editado ocho antologías de poesía, entre las que figuran *Susurros para disipar las sombras, Rapsodia de los sentidos* y *Ciudad cien*. Fue iniciadora y coorganizadora, junto al grupo cultural *contratiempo* en la ciudad de Chicago, del festival internacional Poesía en Abril (2008-2019). Ha recibido los premios *contratiempo* cultura, José Revueltas Poesía y su libro *Sea in my Bones/ Mar en los huesos* fue escogido como mejor libro de poesía en traducción por el Poetry Book Society en Londres, en 2023. Tiene inéditos los poemarios *Las celdas de Iris* y *Tanatorio*, y en prensa *Este nuestro nosotras*. Su poesía ha sido traducida al inglés, francés, italiano y alemán.

# Este nuestro nosotras # 12
## Juana Iris Goergen

> *Por Rosa Julia Félix Gómez, puertorriqueña, 54 años, estrangulada el 11 de septiembre de 2021.*
> *Por Rosa Elvira Cely, colombiana, 35 años, apuñalada, violada, asfixiada y empalada el jueves 24 de mayo de 2012 en el Parque Nacional de Bogotá.*
> *A todas las Rosas que hemos perdido y a las madres que llevan luto por sus Rosas.*

Esta es la Rosa hecha carne en la memoria.
No es la rosa de Rilke
ni las rosas que Di Maggio llevó a la tumba de Marilyn
       durante 7 años
no es la rosa de Pellicer
ni la de Guillén, ni la de Urrutia
ni la de Juan Ramón Jimenez.

No es la rosa de Martí
ni la de Huidobro
ni la de Sor Juana
ni la de Ángela María Dávila,
ni siquiera es la gran Rosa de Alabama.

Esta es la Rosa memorable que no puedo tocar
Rosa clara de luz humedecida
Rosa de días inolvidables para ti
–anónima, sencilla y simple–
sobre un tejido de humana arquitectura.

Esta es la Rosa que floreció en el vientre
la rosa que te canto           Rosa

impasible del dolor        Rosa  
del mundo        Rosa  
del amor        Rosa  
en las manos de la noche    Rosa  
tan solitaria y bella    Rosa  
desnuda y mutilada  
en un lugar vacío del mundo    Rosa  
que tu color nos ilumine la memoria  
para tocarte en versos    Rosa  
imaginando alrededor del imposible  Rosa  
alimentando a los gusanos    Rosa  
ni una más    Rosa  
ni una más  
ni una más    ni una más.

## Judith Santopietro (Veracruz, México, 1983)

Es escritora, editora y traductora, nacida en las Altas Montañas de Veracruz. Es autora de los libros de poesía *Palabras de Agua* (2010) y *Tiawanaku. Poemas de la Madre Coqa/ Poems from the Mother Coqa* (2019), traducido al inglés por Ilana Luna y finalista en el premio internacional Sarah Maguire de Poesía en Traducción en el Reino Unido (2020). Su obra ha sido publicada en el *Anuario de Poesía Mexicana 2006* por el Fondo de Cultura Económica, así como por *The Brooklyn Rail*, *Rio Grande Review*, *The Shared Language of Poetry: Mexico and United States* y *El Archivo de la Palabra* de la Biblioteca del Congreso de Washington. Obtuvo la residencia del International Writing Program (2022) y la beca de Narrativa de Ficción en el Centro de las Artes San Agustín en Oaxaca (2023). Actualmente, cursa la maestría en Escritura Creativa en Español en la Universidad de Iowa.

# Delivery
JUDITH SANTOPIETRO

> Um imigrante/ bate fotos trepado/ no toldo de/ um quiosque/ a
> multidão grita/ em frente ao Banco/ aparece um malabar/ aparece
> um pastor/ imagens da pura/ desconexão
> CARLITO AZEVEDO

Un inmigrante corre en el techo de un vagón
el tren cruza el puente de Metlac    a milcientrotreintaiún
    msnm
un inmigrante hace malabares
como si la cima del mundo avanzara
a la par de las montañas
todo sereno en el paso norteamericano
Quizá    más tarde    vengan
         los retenes    el chirrido de las vías
pero ahora filma con su celular el bosque nuboso
y las orquídeas negras    que pasan en la sucesión de
    imágenes

De algún vagón llega un sonido
los garífunas    atados a los fierros
bailan con sus hijos en el pecho
luego    habitarán los desiertos de Arizona
o las praderas húmedas del Bronx en el verano

Aunque ahora    un inmigrante desafía la gravedad
en su euforia por llegar al Norte
después    su cuerpo se hará recio para soportar las
    tormentas
    repartir comida y regalos navideños

cuando los demás se refugian en la calefacción
lo llamarán *delivery*
y su nombre lucirá en letras rojas
en cada entrada de los restaurantes
lo llamarán *delivery* mientras se equilibra en su bicicleta
                           y el tren avanza

un inmigrante desafía la gravedad
brinca el desierto y luego el mar
desde lo alto del puente    balbucea un territorio lejano
que ni él mismo recuerda.

Jorge Luis García de la Fe (Cárdenas, Cuba, 1954)

Es licenciado en Lengua y Literaturas Hispánicas en la Universidad de La Habana (1981) y máster en Literaturas y Culturas Latinoamericanas en Northeastern Illinois University (2012). Es poeta, ensayista y exeditor de la revista *contratiempo*. Ha sido profesor de Español y Literatura Hispanoamericana en City Colleges de Chicago y San Agustín College. Ha publicado los siguientes poemarios: *Aunque la nieve caiga de repente* (2015), *Camino de imposesión* (2019), *Décimas inquietudes* (2019), *Cuerpo que se deja ir* (2019), *Te lo digo en rima* (2022) y *A contrapelo de silencios* (2023, en versos libres). Muchos de sus poemas han sido incluidos en diferentes revistas literarias, dentro y fuera de Estados Unidos. Es uno de los autores antologados en *Las piedras clamarán. Poesía cubana contemporánea de temas LGBT+* (2019).

# Arabescos
Jorge Luis García de la Fe

Antes de ser caja de silencios,
parloteo desesperadamente
contra mis costillas.
Por sus intersticios
salen palabras a besar el mar
en que tu ombligo
gira un ciclón de concupiscencia.
Entonces nuestros cuerpos en trance
se rinden a tanta muerte impía
que les roe las carnes.
En realidad, ¿qué es amarse?,
sino apretar estas dos nadas que somos,
sus breves inmediaciones,
contra la inclemencia del tiempo.
Crujen los muelles de la sufrida cama,
redoblan fáticas en las paredes del cuarto
esas vulgaridades que solo se dicen en estado de gracia.
Sé que estoy crucificado a mis límites,
por eso me lanzo hacia tus precipicios
indiferente al riesgo que implica morderte
asumiéndote fruta venenosa.
Antes de ser caja de silencios,
soy bandada aleatoria de palabras,
aves revoloteantes
que nutro con sangre del corazón
para que salgan a nombrarte
a significarte sin margen de error.

Esta noche voy a pedirle a Dios
que nuestras imantaciones
tengan ecos en las paredes de la infinitud.
Es bueno mojarse en excentricidades cuánticas,
pero no hay mayor misterio
que el que nos tiene atados,
como a San Dimas,
a la pata de la perdición.
Antes de ser caja de silencios,
exprimo toda la sed que tengo
de caer aguacero
sobre el mar en que tu ombligo
gira un ciclón de concupiscencia.
En realidad, ¿qué es amarse?,
sino apretar estas dos nadas que somos,
sus breves inmediaciones,
contra la inclemencia del tiempo.

## Marcos de la Fuente (Vigo, España, 1976)

Es poeta, *performer* y activista cultural. En 2015 publicó *Las partículas brillantes*, poemario diseñado por la artista visual Vanesa Álvarez. En 2017 vio la luz su disco *Isla futura*, con la banda Pólvora, donde conviven *spoken word* y música electrónica. En 2018 publicó *La nueva sensibilidad*, un manifiesto sobre el significado de la poesía, y presentó el proyecto Lorca2018, una revisión actualizada de *Poeta en Nueva York*, con el guitarrista Aldo Pérez. En 2019 fue incluido en *Panorama y luna sobre los rascacielos*, integrada por poetas españoles residentes en Nueva York; también en la antología *Proyecto Atlántico*, de Ediciones Venguerén. En 2020 colaboró con la artista textil María Romero para llevar poemas a prendas teñidas a mano, con el libro en gallego *A Tintureira do Hudson*. En 2021 lanzó *The Empathy Muscle* con el músico Alec Ekvall, que conjugó poesía y música en vivo. En 2022 publicó la antología *Poetryfighters* con Editorial Ultramarina. En 2023 combinó música, poesía e inteligencia artificial en *El Poeta vs La Máquina*. En 2024 presentó *As Cordas Invisíbeis*, poemas en gallego musicalizados por la pianista Aida Saco-Beiroa. Es codirector del Festival Kerouac (Vigo, Nueva York y Ciudad de México).

# Las palabras del poeta serán las palabras que todos puedan pronunciar
### Marcos de la Fuente

Los poetas deben encontrar las palabras que la gente sea
    capaz de pronunciar
Los poetas estamos buscando las palabras
las palabras que seas capaz de pronunciar
Estamos buscando
las palabras sin miedo
las palabras que no exterminen que no destruyan
las palabras que una vez pronunciadas comiencen
un cambio
Las palabras construyen realidades pero
queremos
las palabras que construyan esta realidad
Tanto horror que le duele a la tierra que piso y siento mi piel
    quemada en esta índole
Las palabras
Siento que tenemos una responsabilidad –los poetas las poetas
Las palabras
¿De dónde vienen?
¿De qué se alimentan?
Son tan frías volubles cambian de dueño te traicionan
Las palabras
no pueden ni deben pero nos transforman conocen
nuestros secretos nos hacen mejores nos mutilan
muchas ya no vuelven
ya sin tierra perdidas en la memoria desplazadas en el
    subconsciente de un recuerdo

errantes
cabizbajas porque un día fueron constelaciones saliendo de tu boca
en lo sonoro incluso
después del pensamiento. Una vibración
Olas extrañas y desconocidas que te transforman
a través de las cuerdas
Ves como fluyen y lo físico se tornó poderoso
mutación. Cambio
Sustancia de la realidad que se construye en cada tiempo
habitable en cada ruina
Organismos vivos que se reproducen
dictan las normas inclusive el aullido
nos abducen experimentan con los cerebros humanos hasta crear su consciencia
su placentera y nimia existencia
Son la llave maestra las palabras
Construyen realidades pero
queremos
estamos buscando
mutación. Cambio
las palabras que construyan esta realidad
las palabras que seas capaz de pronunciar

Las palabras del poeta serán las palabras que todos podamos pronunciar.

## Mariela Dreyfus (Lima, Perú, 1960)

Reside en Nueva York desde 1989, donde obtuvo un doctorado en Literatura Latinoamericana por la Universidad de Columbia. Ha publicado los poemarios *Memorias de Electra* (1984), *Placer fantasma* (Premio Nacional de Poesía José Watanabe Varas, 1993), *Ónix* (2001), *Pez* (2005), *Pez/ Fish* (2014), *Pez/ Poisson* (2019), *Morir es un arte* (2010), *Cuaderno músico precedido de Morir es un arte* (2015)/ *Music Notebook* (2023), todos incluidos en su tomo *Gravedad. Poemas reunidos* (2017). En 2021 se publicó su antología *Arúspice rascacielos. Poesía selecta.* Su más reciente libro es *La edad ligera [novela en poesía]* (2023), ganador del Premio Luces del diario *El Comercio* en la categoría de Poesía. Recientemente tradujo también en colectivo *Tiempo de enfriamiento. Una vigilia poética estadounidense*, de C. D. Wright (2019). Actualmente enseña poesía y traducción poética en la Maestría de Escritura Creativa en Español de la Universidad de Nueva York (NYU).

## 43.
### Mariela Dreyfus

Toco tu cuerpo en el toque de queda
la seda de mis labios te obsesiona
en la fronda del parque el vicio de las
calles kerosén el ardor del alcohol
    bombas de borrachera
    bombas de dinamita
nos hacen escapar atravesamos finas
capas de niebla llegamos hasta el mar a una
cálida orilla descalzos llenándonos de espuma
      tú y yo tal vez
rozando el horizonte cuando tu cintura se
    ajusta en la sombra a mi cintura
las lenguas coloradas igual a los cangrejos
      a medianoche
la ciudad está en silencio sitiada por los tanques
las marquesinas rotas de los cinemas en el bar
    la rocola dormida
        pero tú y yo
de sobra conocemos las 400 gradas que nos traen
    del malecón a la punta de la ola
    lejos de la neurosis tus muslos
    florecidos mis senos empapados
tras la puesta del sol huimos de la guerra me
tocas me sofocas yo me quedo.

## Mauricio Espinoza (León Cortés, Costa Rica, 1975)

Es catedrático, poeta y traductor. Es profesor de español y literatura latinoamericana en la Universidad de Cincinnati, Ohio, Estados Unidos. Ha publicado los poemarios *Nada más que silencio* (2000), *Respiración de piedras* (2016, ganador del Premio de Poesía 2015 de la Editorial de la Universidad de Costa Rica) y *Pez de fieltro* (2023). Su poesía también aparece en *The Wandering Song: Central American Writing in the United States* (2017) y en revistas como *barzakh* y *Rio Grande Review*. Es cotraductor de la obra de autores como la poeta costarricense Eunice Odio, cuyas publicaciones incluyen la antología bilingüe *Territory of Dawn: The Selected Poems of Eunice Odio* (2016) y *The Fire's Journey* (2013-2019); el poeta costarricense Randall Roque y la poeta salvadoreña Miroslava Rosales.

# Lección de arquitectura mesoamericana
## Mauricio Espinoza

De joven soñé que mi casa
tendría la forma de una pirámide maya,
quizá azteca,
completa con un campo de ulama
y que me sentaría en la madrugada a ver
los primeros rayos del sol entrar
por su aro de piedra

Treinta años han pasado y no existe
mi casa pirámide y su campo de pelota,
alineados perfectamente con las estrellas.
Pero sí tengo esta hipoteca
y trescientos metros cuadrados
y pasto que hay que podar cada semana
y vecinos ruidosos que también cortan el suyo—

    7 días a la semana
    6 ventanas
    5 piezas
    4 puertas
    3 recámaras
    2 pisos
    1 enorme silencio que desconcierta

A veces pienso que todavía estoy a tiempo
de dejar este lugar
y construirme una casa que parezca

una pirámide maya, quizá azteca.
Le añadiría un cenote para los días calurosos
y la coronaría con una gran muralla,
desde la cual pueda colgar
los corazones
y las cabezas
de 2 ó 3 de mis enemigos—

    tan solo como advertencia

## Silvia Goldman (Montevideo, Uruguay, 1977)

Ha participado en diversas antologías como *Llama de amor viva: XXII Encuentro de Poetas Iberoamericanos* (en homenaje a San Juan de la Cruz), *Árbol de Alejandra* y *Poeta en Nueva York: poetas de tierra y luna*. Sus poemas han sido traducidos al inglés, italiano, portugués, árabe, bengalí, hebreo, montenegrino y finés. Publicó los libros *Cinco movimientos del llanto*; *De los peces la sed*; *miedo*; *árbol y otras ansiedades*; *Ese eco que une los ojos*, en colaboración con Esperanza Vives y Juan Alcota; *Voz hasta el principio*; y *lo que se hereda es la orfandad*. Obtuvo un accésit en el Premio de Poesía FILLT 2020; asimismo, fue finalista del VI y VII Premio Internacional de Poesía Pilar Fernández Labrador, y del Premio Internacional de Poesía Paralelo Cero 2020. Es doctora en Estudios Hispánicos por la Universidad de Brown y enseña en la Universidad de DePaul.

# una criatura lejos de su voz
## Silvia Goldman

Lo que yo sujetaba cuando andaba a caballo era mi hambre. La domesticaba. Le daba vueltas. La hacía ver el camino como yo quería verlo y yo quería que el camino fuera el alimento. Lo que cambiaba cuando andaba a caballo eran las relaciones en el fondo de la casa por las relaciones entre el caballo y yo. Esa bestia buena que respondía. Apenas un leve movimiento iniciaba el trote largo que me daba de comer. Durante el galope sentía las mesas que se extendían en mi vientre. La forma en que movían sus puntas hasta deslizar el alimento en mi boca. La forma en que el labio superior se separaba del labio inferior y no se volvían a juntar. La decisión de no retirarse del hambre mientras aún caían las sillas, sus cuatro patas, sus golpes cerrados contra el piso. El lugar donde caían y entonces había que ir a levantarlas y aprovechar la cantidad de abono de cualquier superficie. Y todo antes de masticar, dejando madurar el aire. Los brazos cruzados delante de la mirada como lazos de una tristeza nueva. Entonces corríamos mi caballo y yo adentro de esa tristeza. Una idea fija: tocar el agua lustrosa del camino, llevarla a la boca y esperar a que alguien nos abriera la puerta. Dejar ahí el paisaje, lo que podía entrar. Los labios abandonados a esa función sigilosa del aire. Me daban mi propio beso. Un movimiento cerrado que alteraba la separación de los labios. Un efecto colateral de la mandíbula. Entonces corríamos mi caballo, yo y el yo de mi caballo por el aire maltratado por su herida, una abertura tenue en los labios. Malditas sillas, malditas sillas tirando su repertorio de hambre y polvo sobre el camino, maldito vientre en mis manos sucediendo debajo del movimiento caliente incompleto del caballo, maldita puerta cerrada, maldito pozo chupándose las sillas, la mesa, los platos, el polvo sobre la mesa, las ganas de comer, la rienda floja y vencida, el aire flojo y rendido, donde me abandoné.

José Ernesto Hernández (Caguas, Puerto Rico, 1981)
Ganador del VI Premio de Poesía Juana Goergen, 2025

Es poeta y padre. Autodidacta por vocación, ha representado a Puerto Rico en diversos festivales internacionales, destacándose en ciudades como La Habana, Nueva York y recientemente en El Salvador. Su obra incluye varios poemarios, entre ellos *Ninguna patria bajo los pies* y su primer libro infantil, *Caballito de palo*. Su compromiso con la poesía va más allá de la publicación, pues dedica parte de su tiempo a impartir talleres en escuelas y colegios de Puerto Rico, para fomentar la escritura y el amor por la literatura en las nuevas generaciones. Además, es creador del canal de YouTube *Poesía en el carro*, donde difunde tanto poesía contemporánea como clásica, acercando el género a un público más amplio. Su trayectoria y pasión por la palabra lo han convertido en una de las voces relevantes de la poesía puertorriqueña actual.

# Es tristemente bello escribir un poema donde morirse.
## El ahorcado de Sylvia
José Ernesto Hernández

> Morir es un arte, como cualquier otra cosa y yo lo sé hacer excepcionalmente bien, tan bien, que parece un infierno, tan bien, que parece de verdad.
>
> Sylvia Plath

Para morir basta un poema,
algunos versos donde hallar las huellas perdidas
o la suerte de labios de espuma en playas distantes.
Un poema que sirva para respirar, donde
mis pies renuncien a la sequía del amor.
Un poema que no sea un artilugio de sombras y bohemias;
un poema que sea un portal para la resurrección.

A veces no me reconozco, no me encuentro entre las
      palabras,
ni en el fino cristal de versos minerales,
y entonces me pierdo.
Busco hundirme lejos, donde no me encuentren los oídos,
donde la pena no sea una caricia de espinas,
donde nadie sea un damnificado por el temblor de mis ojos,
donde ninguno se infecte con el dolor que exhalo.

Un poema es necesario para morir una tarde de abril;
solo debo romperme, hacerme polvo de recuerdos,
seguir la lágrima del niño que perdió su felicidad al soltar un
      globo

y reconstruirme desde los pantanos hasta volverme flor de poema.

Morir en un poema es condición de nosotros, los incompletos.
Y hoy, que llevo en los bolsillos las monedas de la derrota,
escribo para no extinguirme en la memoria de otras pieles.
Escribo bajo la sombra de la osamenta de la paloma del olvido,
porque escribir para fallecer es un juego
cuyas instrucciones llevo cicatrizadas en el alma.

Es tristemente bello escribir un poema donde morirse,
como resquebrajar con un verso las puertas del miedo
y volverme a encontrar sin fracturas en los ojos del cielo.

Dime, Lady Lazarus, si morir es un arte,
¿cómo transmuto en una alondra bajo el peso de este poema?

BRIAN DURÁN-FUENTES (Ciudad de México, 1990)
Finalista del VI Premio de Poesía Juana Goergen, 2025

Es autor de una obra que ha aparecido en varias publicaciones de todo el mundo, desde Filipinas hasta Australia y Venezuela, incluyendo *Oyez Review, Ravens Quoth Press, Thimble Magazine, Revista Paladín, Hipérbole Frontera, Irradiación, Digo.Palabra.TXT* y *Voicemail Poems*. Tiene una licenciatura en Inglés, Español y Traducción-Interpretación en la Universidad de Texas en Arlington y una maestría en Escritura Creativa en la Universidad de Salamanca. Su primer poemario, *Laúsfera*, acaba de ser publicado por Editorial Adarve (2025). Trabaja como intérprete médico en un hospital pediátrico de Dallas, Texas.

# Charrasca
## Brian Durán-Fuentes

En el Zócalo
todavía puede escucharse
la vida en sus capas
como una naranja
de láminas de hierro
ardiendo iridiscente
con la música de fantasmas

la fricción de sus pasos
es la estafeta de huesos
que toca los dientes de la ciudad
vendedores ambulantes
evangélicos al megáfono
narradores de estrella roja
para los desaparecidos
danzantes revestidos de símbolos
de lluvia, guerra, flor y canto
todos adorando al dios en su sueño
siempre tan cerca y tan lejos
el dios respira en guitarras a luz de farolas
en la percusión de rito y recuerdo
a unos pasos del corazón hundido

haríamos bien
en guardar una ofrenda a la mano
un hígado de pantalla rota
una flor que germine junto al oído

un billete que retrate a los ajolotes

es por eso que hay música
en nuestro acento y silbido
adversario del silencio del mundo
la ciudad es una quijada de caballo
alzándose como un titán en el valle
el dios toca y debemos cantar

retomamos el coro en el metro
yendo y viniendo en las arterias
entre sol y luna
acaso el único templo en pie
para el dios que recuerda en piedra

acaso por eso regreso
entre sorbos de café quemado
entre los tornillos del reloj de marcar
entre visitas al supermercado
acaso por eso me opongo al olvido

a lo lejos, en la vieja ciudad de hierro
el dios toca y yo debo cantar

# Sobre la editora

Rocío Ferreira es directora del Departamento de Estudios de la Mujer y Género y profesora asociada de literatura, cultura y cine latinoamericano de la Universidad DePaul, en Chicago; es, asimismo, directora del festival internacional Poesía en Abril. Se doctoró en literatura latinoamericana y en estudios de las mujeres, género y sexualidad por la Universidad de California, Berkeley. Se especializa en la cultura visual y literaria del siglo XIX y contemporánea escrita por mujeres. Sus áreas de investigación son las narrativas fundacionales y el periodismo del siglo XIX, las literaturas de guerras (XIX-XXI) y temas contemporáneos relacionados con las configuraciones de la memoria en la literatura, la cultura y el cine. Ha publicado numerosos artículos críticos en libros especializados, revistas académicas, y ediciones críticas, además de su monografía *De las Veladas literarias a la Cocina ecléctica: mujeres, cultura y nación en el Perú decimonónico*. En la actualidad prepara un libro sobre el conflicto armado interno, titulado: *Las mujeres disparan: Imágenes y poéticas de la violencia política (1980-2000) en la cultura literaria y visual peruana contemporánea*.

# Índice

**Prefacio** |9|
ROCÍO FERREIRA

**Agradecimientos** |13|

MEMORIA, 2020/21 |17|

**Situación para curar a un enfermo** |19|
MERCEDES ROFFÉ (homenajeada, 2021)

**1789** |22|
LUIS GARCÍA MONTERO (homenajeado, 2021)

**Villancico** |25|
ALEX LIMA

**Gaza marina** |27|
ÁNGELA HERNÁNDEZ

**Poema para ser visto en el metro [*eye contact*]** |29|
CARLOS VILLACORTA GONZÁLEZ

**Míchigan** |32|
DANIEL BORZUTZKY

**Agón** |35|
HÉCTOR HERNÁNDEZ MONTECINOS

**Yo / Tú / Ella también** |38|
JOHANNY VÁZQUEZ PAZ

**Metafísica de los martes** |41|
JORGE LUIS GARCÍA DE LA FE

**Habla** |44|
MARGARITA SAONA

**Descarga infinita** |47|
MIGUEL MARZANA

**Luna nueva en Capricornio** |50|
NADIA ESCALANTE ANDRADE

*obeja* |53|
SILVIA GOLDMAN

**Enseñando al inmigrante a hablar inglés** |55|
LEÓN SALVATIERRA (ganador del I Premio de Poesía Juana Goergen, 2020)

**El viaje termina en la Isla** |57|
MANUEL MARTÍNEZ MALDONADO (finalista del I Premio de Poesía Juana Goergen, 2020)

**errancia** |60|
ETHEL BARJA CUYUTUPA (finalista del I Premio de Poesía Juana Goergen, 2020)

**Sueño de la cercanía** |64|
PEDRO POITEVIN (ganador del II Premio de Poesía Juana Goergen, 2021)

**A una foto de Lucía Joyce vestida de escamas** |67|
JUAN VITULLI (finalista del II Premio de Poesía Juana Goergen, 2021)

**Últimas horas de Virginia Woolf** |70|
CARLOS RAMOS GUTIÉRREZ (finalista del II Premio de Poesía Juana Goergen, 2021)

## JARDINES, 2022 |71|

**Casa guerra, casa paz** |74|
LUISA FUTORANSKY (homenajeada, 2022)

**(Padre)** |76|
JOSÉ RAMÓN RIPOLL (homenajeado, 2022)

**A ti, Emilia Tangoa** |78|
ANA VARELA TAFUR

**A-Leteo** |81|
LUISA ANGÉLICA SHEREZADA *CHIQUI* VICIOSO

**1982** |84|
CRISTIÁN GÓMEZ OLIVARES

**Chicago** |87|
CRYSTAL VANCE GUERRA

**Ausencia** |90|
FERMINA PONCE

**Noveno círculo: los tres** |92|
IVÁN VERGARA GARCÍA

**Solo un signo** |95|
LILA ZEMBORAIN

*El cuarto favorito de Abuela...* |98|
LUIS TUBENS

**atOMarporcuLo** |101|
OM ULLOA

**La carne prevalece** |104|
ORIETTE D'ANGELO

**el sonido dictado** |107|
VÍCTOR VIMOS

**Ensamble** |110|
MASIEL MONTSERRAT CORCNA (ganadora del III Premio de Poesía Juana Goergen, 2022)

**Nunca se suelta una nereida** |114|
MARÍA SOFÍA URRUTIGOITY LINARES (finalista del III Premio de Poesía Juana Goergen, 2022)

**Biografía mercurial de Alberto Caeiro** |117|
CHRISTIAN ELGUERA (finalista del III Premio de Poesía Juana Goergen, 2022)

PULSO, 2023 |121|

**Nicaragua** |123|
GIOCONDA BELLI (homenajeada 2023)

**Poema doctor** |126|
LUIS MUÑOZ (homenajeado, 2023)

**Los hilos del hijo de Obatala (para Ramón López)** |129|
EDUARDO AROCHO

**Sin título** |132|
ETHEL BARJA CUYUTUPA

**Memoria en los dientes de mi abuela** |135|
CARLOS AGUASACO

*Dicen que era de corcho... la piña en flor* |137|
JAMILA MEDINA RÍOS

**Las ruedas tiempo** |140|
LEÓN SALVATIERRA

*No pierdo las cosas.../ Escribo como quien construye...* |143|
MALÚ URRIOLA

**Poema en luz led** |146|
MANUEL GABRIEL TZOC BUCJP

**Tu huella** |148|
OLIVIA MACIEL

**I  Del oficio de no hallarse** |150|
RAFAEL ORTIZ CALDERÓN

**La casa es negra** |153|
RUTH LLANA

**Lavando el pelo de mi madre por primera vez** |156|
YOLANDA NIEVES

**Gardesana** |159|
ROGER SANTIVÁÑEZ (ganador del IV Premio de Poesía Juana Goergen, 2023)

**Para hablar del tropiezo** |164|
EFE ROSARIO (finalista del IV Premio de Poesía Juana Goergen, 2023)

**pasado perfecto** |166|
C. A. CAMPOS (finalista del IV Premio de Poesía Juana Goergen, 2023)

LAZOS, 2024 |167|

**Niña saliendo de Guinea** |170|
NANCY MOREJÓN (homenajeada, 2024)

**Variación sobre un tema muy antiguo** |173|
AURORA LUQUE (homenajeada, 2024)

**El autobús** |175|
ANGÉLICA JULIA DÁVILA

**3.** |178|
CAMILA URIOSTE

**la infraestructura original de los campos de batalla del futuro** |182|
JOSÉ ANTONIO VILLARÁN

**Amerikkka** |185|
JÓSE BONO ROVIROSA

**Soy Fátima** |188|
JOSÉ ERNESTO HERNÁNDEZ

**30** |191|
MARÍA AUXILIADORA ÁLVAREZ

**Tres lunas después** |193|
MARINA PEREZAGUA

**bañar un hombre negro** |197|
MARTA COLLAZO

**Canto al Cochiloco** |201|
MIGUEL M. ARBIZU

**Alejandra Pizarnik y sus 4 hermanas muñecas: Alfonsina, Sylvia, Antonieta Rivas y Virginia** |204|
ALEJANDRO PÉREZ-CORTÉS (ganador del V Premio de Poesía Juana Goergen, 2024

**No-visiones** |207|
ÁLVARO HERNÁN LEIVA RAMÍREZ (finalista del V Premio de Poesía Juana Goergen, 2024)

## AMANECERES, 2025 |211|

**El mandato** |213|
YOLANDA PANTIN (homenajeada, 2025)

**Sol de Coyote** |215|
CARLOS CUMPIÁN (homenajeado, 2025)

*La ligereza es uno de los modos...* |218|
MARÍA ÁNGELES PÉREZ LÓPEZ (homenajeada, 2025)

**Oda a la mitad de mi cuerpo** |221|
ELIZABETH NARVÁEZ-LUNA

**Este nuestro nosotras 4 12** |223|
JUANA IRIS GOERGEN

**Delivery** |226|
JUDITH SANTOPIETRO

**Arabescos** |229|
JORGE LUIS GARCÍA DE LA FE

**Las palabras del poeta serán las palabras que todos puedan pronunciar** |232|
MARCOS DE LA FUENTE

**43.** |235|
MARIELA DREYFUS

**Lección de arquitectura mesoamericana** |237|
MAURICIO ESPINOZA

**una criatura lejos de su voz** |240|
SILVIA GOLDMAN

**Es tristemente bello escribir un poema donde morirse.** *El ahorcado de Sylvia* |243|
JOSÉ ERNESTO HERNÁNDEZ (ganador del VI Premio de Poesía Juana Goergen, 2025)

**Charrasca** |246|
BRIAN DURÁN-FUENTES (finalista del VI Premio de Poesía Juana Goergen, 2025)

**Sobre la editora** |249|

www.ingramcontent.com/pod-product-compliance
Lightning Source LLC
Chambersburg PA
CBHW022004160426
43197CB00007B/267